教科書の公式ガイドブック

教科書ガイド

三省堂 版

ニュークラウン

完全準拠

中学英語

1年

教科書の内容が
よくわかる

三省堂

この本の構成と使い方

この本は，三省堂版教科書 NEW CROWN ENGLISH SERIES を使って英語の勉強をしているみなさんが，授業の予習や復習をするときに役立つように作りました。みなさんのたよりになる家庭教師というわけです。

この本は，レッスンごと，また，レッスン中のセクションごとに学習が進められるように構成しています。おもな項目は，次のとおりです。

POINT 各レッスンの **GET** のセクションで押さえなければいけない文法や文型を，わかりやすく解説しています。

声を出して読んでみよう

教科書の本文にあたります。カナ発音を参考にしながら，繰り返し音読してみましょう。本文横の囲みの中に，本文の内容を理解するうえで役立つ解説が書かれていますから，予習や復習の参考にしましょう。

語句を確かめよう

そのセクションに出てくる単語や表現などの意味をとりあげました。覚えたら，☐印をチェックしましょう。なお，教科書 Words 欄の点線の下にある単語は，チェックボックスを黒色（☑）にしています。
品詞は，次の略語で示しました。

冠→冠詞　名→名詞　代→代名詞　動→動詞　助→助動詞
形→形容詞　副→副詞　前→前置詞　接→接続詞　間→間投詞

確認しよう

小学校で聞いたり話したりした重要な語句です。

ここがポイント！

■ **GET** のセクションで，とくに押さえておきたい文法項目が含まれている文を解説しています。

本文の意味をつかもう

教科書本文の日本語訳です。文番号は，**声を出して読んでみよう** と同じです。

Drill 音声スクリプトを掲載しています。

USE Write　**USE Speak**　**USE Read** など

各セクションの学習のまとめとして，教科書の問題などの解答例などを示しています。（一部，本文や解答の掲載を省略した箇所があります。）

文法のまとめ

各レッスンの文法のまとめを掲載しています。**Drill** を解いて文法の定着を図りましょう。（解答は巻末）

定期テスト対策

いくつかのレッスンごとに，定期テスト対策の問題を掲載しています。中間・期末テスト対策に活用してください。（解答は巻末）

※下記 QR コードまたは URL より，音声サイトをご利用いただけます。音声が収録されている箇所や問題については♪，動画が収録されている箇所については▶がついています。なお，リスニング問題については，音声による学習の妨げにならないよう，**Drill** と Take Action! の Audio Scripts や Bonus Stage（巻末）を除きスクリプトや正解を掲載しておりません。

音声サイト　https://tbqr.sanseido-publ.co.jp/03nc1/guide/

カナ発音の音

英語の音には母音と子音があります。母音とは，日本語の「ア・イ・ウ・エ・オ」のように，口の中で舌や歯などが自然な位置にあり，声をともなった音のことです。子音とは，のどから出てくる息や声が，口内のどこかでじゃまされて出てくる音のことです。たとえば，野球の「バット」やヘルメットの「ト」は，日本語では「ト（to）」のように子音と母音で発音しますが，英語では「ト（t）」のように子音だけで発音します。太字はほかよりも強く発音する部分です。カナ発音といっしょに，できるだけ実際の英語を聞き，何度も発音して，正しい音を身につけましょう。

1. 母音

記号	カナ	例
iː	イー	meat / míːt ミート /
i	イ	big / bíg ビグ /
e	エ	bed / béd ベド /
æ	ア	map / mǽp マプ /
ɑː	アー	father / fɑ́ːðər ファーザ /
ɑ	ア|ɔ オ	hot / hɑ́t ハト /
ʌ	ア	cut / kʌ́t カト /
ɔː	オー	fall / fɔ́ːl フォール /
ɔː	オー|ɔ́ オ	soft / sɔ́ːft ソーフト /
uː	ウー	school / skúːl スクール /
u	ウ	book / búk ブク /
əːr	アー	hurt / hə́ːrt ハート /
ər	ア	over / óuvər オウヴァ /
ə	ア	about / əbáut アバウト /
ei	エイ	take / téik テイク /
ai	アイ	high / hái ハイ /
ɔi	オイ	voice / vɔ́is ヴォイス /
ou	オウ	note / nóut ノウト /
au	アウ	how / háu ハウ /
iər	イア	ear / íər イア /
eər	エア	fair / féər フェア /
uər	ウア	poor / púər プア /
aiər	アイア	fire / fáiər ファイア /
auər	アウア	tower / táuər タウア /

2. 子音

記号	カナ	例
p	プ	pen / pén ペン /
b	ブ	busy / bízi ビズィ /
t	ト	ten / tén テン /
d	ド	day / déi デイ /
k	ク	kitchen / kítʃən キチン /
g	グ	game / géim ゲイム /
ts	ツ	cats / kǽts キャツ /
dz	ヅ	goods / gúdz グヅ /
f	フ	food / fúːd フード /
v	ヴ	have / hǽv ハヴ /
θ	ス	thin / θín スィン /
ð	ズ	this / ðís ズィス /
s	ス	sea / síː スィー /
z	ズ	zoo / zúː ズー /
ʃ	シュ	push / púʃ プシュ /
ʒ	ジュ	television / téləviʒən テレヴィジョン /
h	フ	hat / hǽt ハト /
tʃ	チ	chair / tʃéər チェア /
dʒ	ヂ	just / dʒʌ́st ヂャスト /
m	ム，ン	meet / míːt ミート /
n	ヌ，ン	noon / núːn ヌーン /
ŋ	ング	sing / síŋ スィング /
l	ル	leg / lég レグ /
r	ル	red / réd レド /
j	イ	yesterday / jéstərdi イェスタディ /
w	ウ	west / wést ウェスト /

※ **語句を確かめよう** では，カナ発音のみを示し，発音記号は掲載しておりません。

もくじ CONTENTS

Starter

Classroom English　教室で使う英語

● 先生の指示や活動でよく使われる表現です。

先生から 

❶ **Shall we begin?**
（始めましょうか。）

❷ **Who's absent?**
—Kato-kun is.
（だれが欠席していますか。—加藤君です。）

❸ **Open your textbooks to page 30.**
（教科書の 30 ページを開きなさい。）

❹ **Take out your paper folders.**
（紙ばさみを取り出しなさい。）

❺ **Make pairs.**
（ペアを作りなさい。）

❻ **Make groups of four.**
（4 人グループを作りなさい。）

❼ **Put your desks together.**
（机をくっつけなさい。）

❽ **Talk with your partners.**
（パートナーと話しなさい。）

❾ **Take one and pass them back.**
（1 枚取って後ろに回しなさい。）

❿ **Write your names on your worksheets.**
（ワークシートにあなたの名前を書きなさい。）

⓫ **Walk around and find partners.**
（歩き回ってパートナーを見つけなさい。）

⓬ **Are you finished?**
（終わりましたか。）

⓭ **Pass your paper to the front.**
（紙を前に渡しなさい。）

⓮ **Any questions?**
（何か質問は？）

⓯ **That's all for today.**
（今日はこれで終わりです。）

⓰ **See you on Monday.**
（月曜日に会いましょう。）

先生へ ♪

⑰ **May I ask you a question?**
（質問してもいいですか。）

⑱ **Could you say that again?**
（もう 1 度言っていただけませんか。）

⑲ **Sorry, I don't know.**
（ごめんなさい，わかりません。）

⑳ **Excuse me.**
（すみません。）

㉑ **Could you speak more slowly?**
（もっとゆっくり話していただけませんか。）

㉒ **How do you say '*jisho*' in English?**
（「辞書」は英語でどのように言いますか。）

㉓ **How do you spell 'January'?**
（「1 月」はどのようにつづりますか。）

㉔ **What does 'wheelchair' mean?**
（'wheelchair' の意味は何ですか。）

英語の活動で ♪

㉕ **I'll go first.**
（私が最初にやります。）

㉖ **It's your turn.**
（あなたの番です。）

㉗ **Do you have any ideas?**
（何か考えはありますか。）

㉘ **We did a good job!**
（私たちはよくやりました！）

㉙ **I like your idea.**
（私はあなたの考えが好きです。）

㉚ **That's so nice.**
（それはとてもすばらしいです。）

㉛ **That sounds good.**
（それはよさそうですね。）

㉜ **I think so, too.**
（私もそう思います。）

Starter 1 英語の文字と音

- リズムに合わせて，アルファベットの名前や単語を発音しよう。
- 各アルファベットで始まる単語は，絵の中にいくつあるかな。
- ４線の上にアルファベットの大文字と小文字を正しく書けるか確認(にん)しよう。
- 小学校で出会った単語は，発音したり書いたりして確認しよう。

26文字のアルファベットをそれぞれ用いた単語が示されています。どのつづりがどんな音で発音されるのか，アクセントはどこにあるのかに注意して，正しく読み書きができるよう，しっかり覚えましょう。

声を出して読んでみよう ♪

apple [アプル] リンゴ
ここでは a はエとアの中間の音です。

April [エイプリル] 4月
ここでは a を[エイ]と発音しています。

boy [ボイ] 男の子，少年
カタカナ英語では「ボーイ」ですが，英語では o をのばしません。

cow [カウ] 牛，雌牛
ここでは co を[カ]と発音しています。

ceremony [セレモウニ] 式，式典
ここでは ce を[セ]と発音しています。

dog [ドーグ] イヌ
o は「ドーグ」とのばすのがふつうですが，「ドグ」と短く読む人もいます。

egg [エグ] 卵
ここでは e を[エ]と発音しています。gg と g を重ねることに注意しましょう。

evening [イーヴニング] 夕方，晩
ここでは e を[イー]と発音しています。

flower [フラウア] 花
f は上の歯で下唇をかんで[フ]と息を出します。

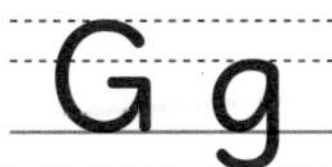

good [グド] よい
ここでは g を[グ]と発音しています。

gym [ヂム] 体育館
ここでは g を[ヂ]と発音しています。

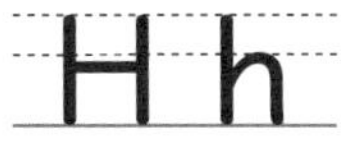

horse [ホース] 馬
hor で[ホー]と発音します。最後の e は発音しません。

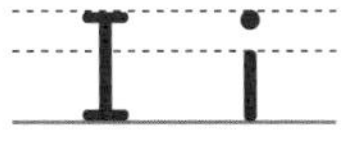

ink [インク] インク
ここでは i を[イ]と発音します。

ice [アイス] 氷
ここでは i を[アイ]と発音します。最後の e は発音しません。

jet [ヂェト] ジェット機
j は，舌を歯ぐきの内側に近づけて，息をするように発音します。

king [キング] 王様
ki で[キ]と発音します。ng は[ング]というこもった音です。

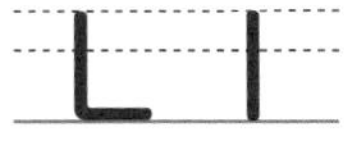

lunch [ランチ] 昼食
l は舌の先を上の歯ぐきの内側にあてたままで発音します。日本語にはない音なので注意しましょう。

math [マス] 数学
a はエとアの中間の音です。th は歯の間に舌を軽くはさむようにして発音します。

nurse [ナース] 看護師
nur はあまり口を開けずに[ナー]と発音します。

octopus [アクトパス] タコ
ここでは o を[ア]と発音しています。

old [オウルド] 古い
ここでは o を[オウ]と発音しています。「オー」ではありません。

park [パーク] 公園
ここでは pa を[パ]と発音しています。

queen [クウィーン] 女王
q は，舌の奥を上あごにあてて空気をふさぎ，息で押し開くようにして発音します。

rainbow [レインボウ] 虹
ここの ai は[エイ]と発音します。

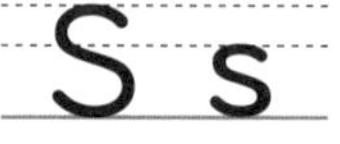

square [スクウェア] 正方形
ここの are は[エア]と発音します。qu「ク」のあとなので，全体としては[スクウェア]となります。

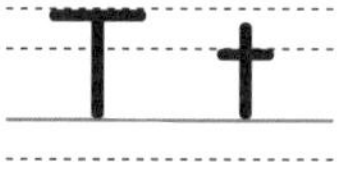

tiger [タイガ] トラ
ここの ti は[タイ]と発音する点に注意しましょう。

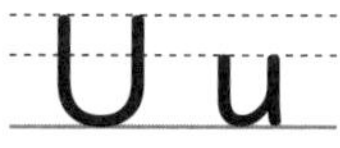

umbrella [アンブレラ] かさ
ここの u は[ア]と発音します。

unicycle [ユーニサイクル] 一輪車
ここの u は[ユー]と発音します。

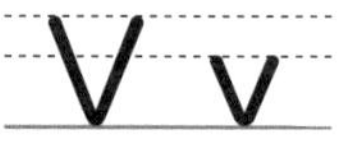

vacation [ヴェイケイション] 休暇
va は上の歯で下くちびるをかんで[ヴェ]という音を出します。

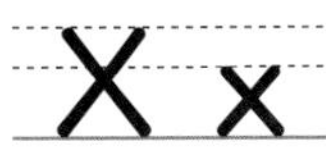

weather [ウェザ] 天気
w は[ウ]という音になります。

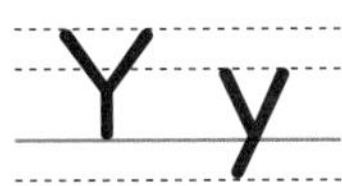

box [バクス] 箱
ここの x は[クス]と発音します。

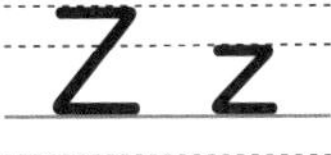

yacht [ヤト] ヨット
この ch は発音しません。

Zz

zebra [ズィーブラ] シマウマ
この ze は[ズィー]とのばします。

Starter

やってみよう ♪

(1) 音声を聞いて，聞こえてきた単語を指でさそう。

(2) ①②の各組の単語を聞いて，□に共通する文字を書こう。

① □onkey　gy□　le□on　① ____

② □gg　b□d　umbr□lla　② ____

Starter 2 コミュニケーションを楽しもう (1)

聞いてみよう

❶ ケイトと丘(おか)先生が，わかば中学校の行事予定表を見ながら話しています。いつ，どんな行事があるか聞いてみよう。

❷ ケイトがバースデーパーティーの写真を見せながら丘先生と話しています。それぞれの誕生日について聞いてみよう。

話してみよう ペアやグループで，学校の行事や，あなたの誕生日について話してみよう。

Months（月）
マンツ

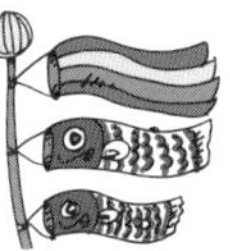

ヂャニュエリ January （1月）	フェブルエリ February （2月）	マーチ March （3月）	エイプリル April （4月）	メイ May （5月）	ヂューン June （6月）

ヂュライ July （7月）	オーガスト August （8月）	セプテンバ September （9月）	アクトウバ October （10月）	ノウヴェンバ November （11月）	ディセンバ December （12月）

Calendar（カレンダー）
キャレンダ

4 April

Sunday	Monday	Tuesday	Wednesday	Thursday	Friday	Saturday
	1 ファースト first （1番目(の)）	2 セカンド second （2番目(の)）	3 サード third （3番目(の)）	4 フォース fourth （4番目(の)）	5 フィフス fifth （5番目(の)）	6 スィクスス sixth （6番目(の)）
7 セヴンス seventh （7番目(の)）	8 エイトス eighth （8番目(の)）	9 ナインス ninth （9番目(の)）	10 テンス tenth （10番目(の)）	11 イレヴンス eleventh （11番目(の)）	12 トウェルフス twelfth （12番目(の)）	13 サーティーンス thirteenth （13番目(の)）

Jing　　Riku

🎧 **聞いてみよう** ♪

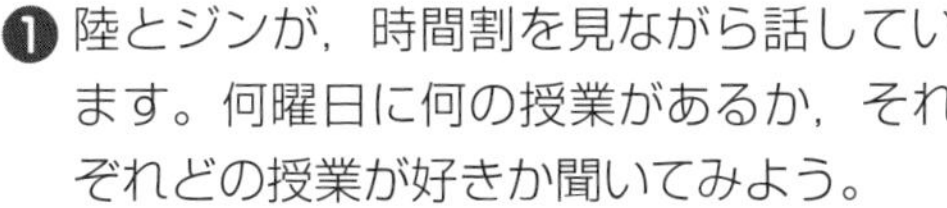
❶ 陸とジンが，時間割を見ながら話しています。何曜日に何の授業があるか，それぞれどの授業が好きか聞いてみよう。
❷ 陸とジンが，スケジュール帳を見ながら話しています。何曜日にどんな習いごとをしているか聞いてみよう。

話してみよう　ペアやグループで，好きな教科や，習いごとについて話してみよう。

Days（デイズ）（曜日） ♪

サンデイ
Sunday
（日曜日）

マンデイ
Monday
（月曜日）

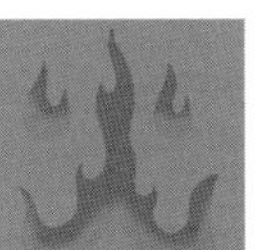
テューズデイ
Tuesday
（火曜日）

ウェンズデイ
Wednesday
（水曜日）

サーズデイ
Thursday
（木曜日）

フライデイ
Friday
（金曜日）

サタデイ
Saturday
（土曜日）

Subjects（サブヂクツ）（教科） ♪

ヂャパニーズ
Japanese
（国語）

イングリシュ
English
（英語）

マス
math
（数学）

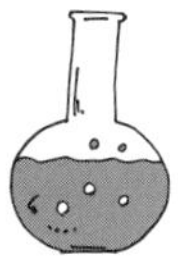
サイエンス
science
（理科）

ソウシャル スタディズ
social studies
（社会科）

ミューズィク
music
（音楽）

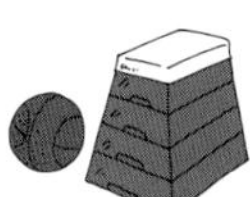
ピーイー
P.E.
（体育）

アート
art
（美術）

テクナロヂ アン(ド) ホウム イーコナミクス
technology and home economics
（技術・家庭科）

モーラル エヂュケイション
moral education
（道徳）

Lessons（レスンズ）（習いごと） ♪

ピアノウ
piano
（ピアノ）

クキング
cooking
（料理）

カリグラフィ
calligraphy
（書道）

スウィミング
swimming
（水泳）

テニス
tennis
（テニス）

ダンス
dance
（ダンス）

Starter 3 コミュニケーションを楽しもう (2)

Mark　　Hana

聞いてみよう

❶ 休日の過ごし方について，花がマークにたずねています。マークがどんなことをするか聞いてみよう。

❷ 放課後の過ごし方について，マークが花にたずねています。花がいつもどんなふうに過ごしているか聞いてみよう。

話してみよう

ペアやグループで，あなたの1日の生活について話してみよう。

A Day in My Life（私の1日）

ア　デイ　イン　マイ　ライフ

6:00

ゲタップ
get up
（起きる）

6:10

ワシュ　マイ　フェイス
wash my face
（顔を洗う）

6:20

ブラシュ　マイ　ティース
brush my teeth
（歯をみがく）

6:30

イート　ブレクファスト
eat breakfast
（朝食をとる）

7:00

リード　ア　ニューズペイパ
read a newspaper
（新聞を読む）

7:30

リーヴ　ホウム
leave home
（家を出る）

10:00

スタディ
study
（勉強する）

12:30

イート　ランチ
eat lunch
（昼食をとる）

3:00

クリーン　ザ　クラスルーム
clean the classroom
（教室を掃除する）

3:30

プラクティス　ヂュードウ
practice judo
（柔道を練習する）

5:30

ゲト　ホウム
get home
（家に着く）

6:00

ドゥー　マイ　ホウムワーク
do my homework
（宿題をする）

7:00

イート　ディナ
eat dinner
（夕食をとる）

8:00

ワチ　ティーヴィー
watch TV
（テレビを見る）

9:00

テイク　ア　バス
take a bath
（風呂に入る）

10:00

ゴウ　トゥー　ベド
go to bed
（寝る）

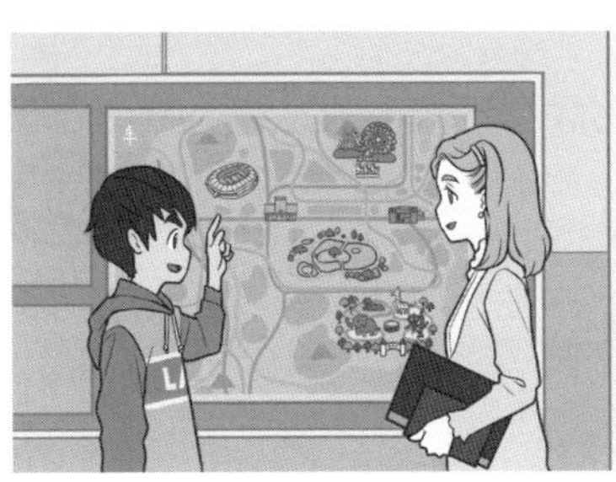

Riku　　Ms. Brown

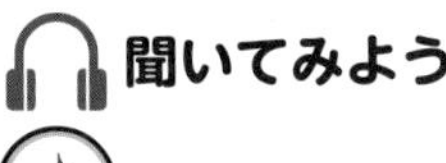

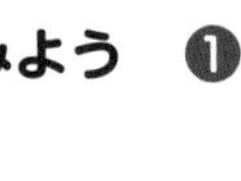

聞いてみよう ♪

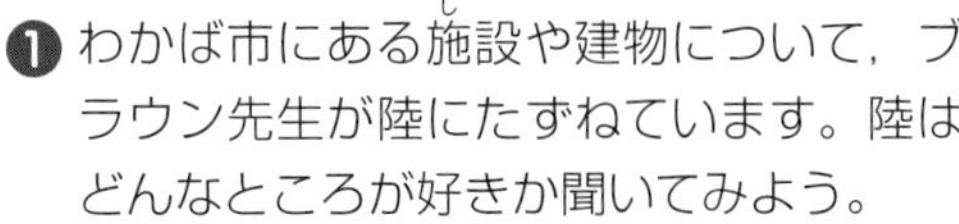

❶ わかば市にある施設（しせつ）や建物について，ブラウン先生が陸にたずねています。陸はどんなところが好きか聞いてみよう。

❷ 小学生のときに行った場所や施設について，ブラウン先生が陸にたずねています。陸がどこに行って，何をしたか聞いてみよう。

話してみよう

ペアやグループで，あなたの町にどんな施設や建物があるか，また，小学生のときに行った場所や施設について話してみよう。

Town（タウン）（町） ♪

シュライン
shrine
（神社，神宮）
ジム
gym
（体育館）
ポウスト オーフィス
post office
（郵便局）
アミューズメント パーク
amusement park
（遊園地）
コンヴィーニエンス ストー
convenience store
（コンビニエンスストア）
ポリース ステイション
police station
（警察署）
テンプル
temple
（神殿，寺院）
パーク
park
（公園，遊園地）
ズー
zoo
（動物園）
ヂューニャ ハイ スクール
junior high school
（中学校）

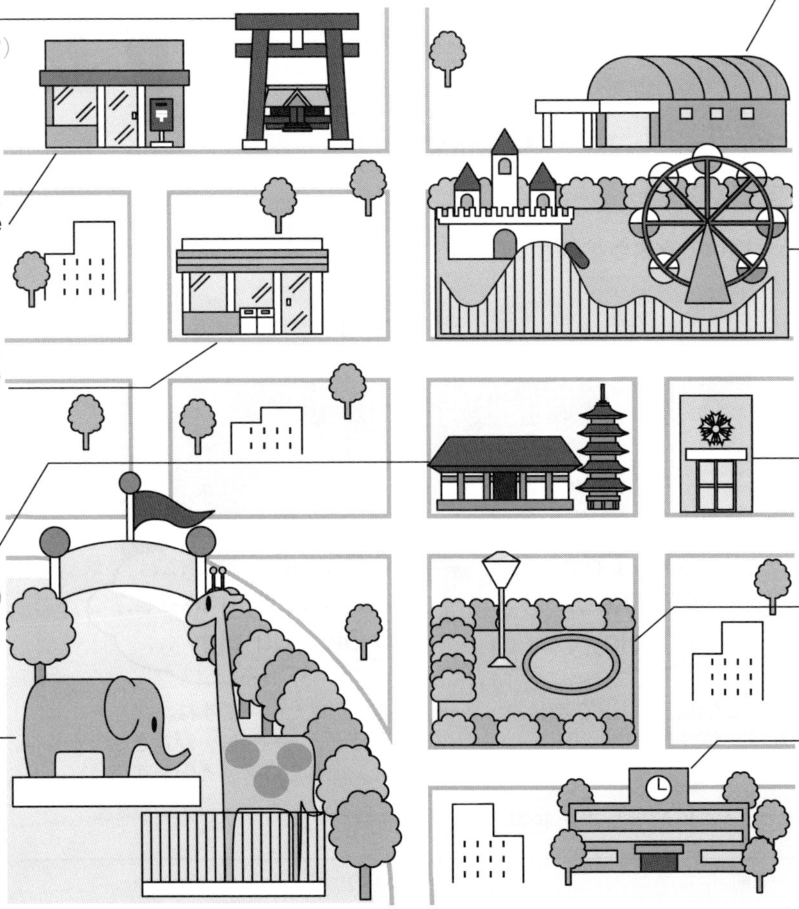

Lesson 1

Part 1 ❶ About Me

•中学校生活が始まって，初めての英語の授業です。

聞いてみよう ジン，マーク，花が自己紹介(しょうかい)をしています。どんなことを話しているか聞いてみよう。 ♪

Check それぞれが話した内容に合うものに○をしよう。

Jing（ジン）

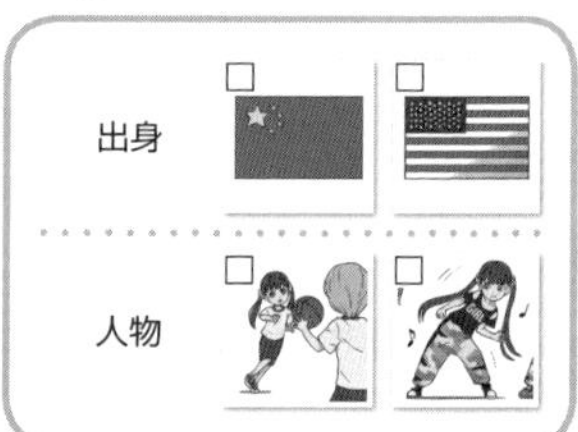

Mark（マーク）

Hana（花）

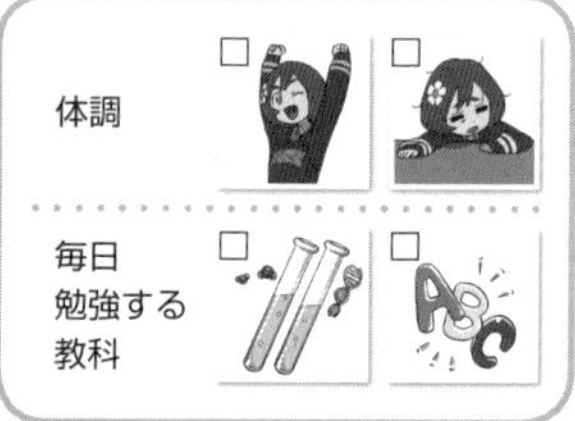

話してみよう **聞いてみよう**を参考にして，ペアやグループで，自己紹介をしよう。

❶ こんにちは，私は…です。
❷ 私は…が好きです。
❸ 私は…します。
❹ あぁ，あなたは…ですね。
❺ なるほど。あなたは…が好きなのですね。
❻ へえ，あなたは…するのですね。

Note 相手についてわかったことを書こう。

名前	わかったこと		

be 動詞 am/are 〈肯定文〉

・「私は…(である)。」と言うときは，〈主語(I)+be 動詞(am)～.〉で表します。

主語　be 動詞

I am Tanaka Hana.（私は田中花です。）

私は…である　田中花

・「あなたは…(である)。」と言うときは，〈主語(you)+be 動詞(are)～.〉で表します。

主語　be 動詞

You are a dancer.（あなたはダンサーです。）

あなたは…である　ダンサー

・話しことばでは，短縮した形(短縮形)がよく使われます。

I am → I'm　　you are → you're

一般動詞 〈肯定文〉

・動作や状態について言うときは，〈主語＋一般動詞….〉で表します。

主語　一般動詞

I play tennis.（私はテニスをします。）

私は…をする　テニス

主語　一般動詞

You like sports.（あなたはスポーツが好きです。）

あなたは…が好きだ　スポーツ

・一般動詞とは be 動詞以外のすべての動詞(動作や状態を表すことば)のことです。

例 play（…をする），like（…が好きだ），have（…を持っている），study（…を勉強する）

語句を確かめよう (p. 16) ♪

☐ Jing [ヂン] 名 ジン《名前》

☐ Mark [マーク] 名 マーク《名前》

確認しよう (p.16)

☐ about [アバウト]

前 (話題・ことがら)について(の)，…に関して(の)

☐ me [ミー] 代 私を，私に；私《Iの目的格》

教科書 18～19ページ

Part 1 ② About Me

・ポイントを整理して，練習しよう。

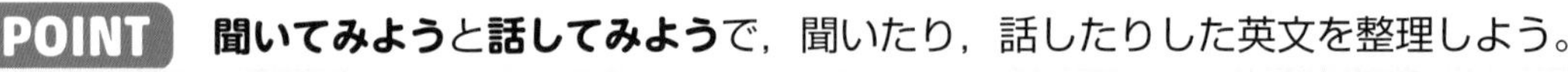

POINT **聞いてみよう**と**話してみよう**で，聞いたり，話したりした英文を整理しよう。

❶の英文を音声に続けて言ってみよう。

❶
① **I am** Tanaka Hana.（アイ アム）
② **I am** fine.（ファイン）

③ **I am** from China.（フラム チャイナ）
④ **I am** a dancer.（ア ダンサ）〔I am → I'm〕

① 私は田中花です。
② 私は元気です。
③ 私は中国出身です。
④ 私はダンサーです。
⑤ あなたはダンサーです。

⑤ **You are** a dancer.（ユー アー）〔you are → you're〕　youのときはareを使います。

❷の英文を音声に続けて言ってみよう。

❷
⑥ I **play** tennis.（アイ プレイ テニス）
⑦ I **like** basketball.（ライク バスケトボール）

⑧ I **have** an English lesson.（ハヴ アン イングリシュ レスン）
⑨ I **study** English every day.（スタディ エヴリ デイ）

⑥ ぼくはテニスをします。
⑦ ぼくはバスケットボールが好きです。
⑧ 私は英語の授業があります。
⑨ 私は毎日英語を勉強します。
⑩ あなたはスポーツが好きです。

⑩ You **like** sports.（スポーツ）　youのときもIのときと同じlikeを使います。

語句を確かめよう（p. 18～19）

- ☐ dancer［ダンサ］名 ダンサー
- ☐ thirsty［サースティ］形 のどのかわいた
- ☐ swimmer［スウィマ］名 水泳選手，泳ぐ人
- ☐ skier［スキーア］名 スキーヤー
- 重要 ☐ every［エヴリ］形 毎…
- ☐ *every day* 毎日

確認しよう（p.18～19）

- ☐ I［アイ］代 私は，私が《文の主語に用いる》
- ☐ am［アム］動（…で）ある《主語がIのときのbeの現在形》
- ☐ fine［ファイン］形 元気な；すばらしい
- ☐ from［フラム］前〔出身〕出身の
- ☐ you［ユー］代 あなたは〔が〕
- ☐ are［アー］動（…で）ある《主語がwe，you，theyまたは複数名詞のときのbeの現在形》
- ☐ play［プレイ］動（スポーツ・ゲームなどを）する，競技をする
- ☐ like［ライク］動 …を好む，…が好きである
- ☐ have［ハヴ］動（仕事などが）ある
- ☐ an［アン］冠 1つの《発音が母音で始まる語の前につける》
- ☐ happy［ハピ］形 幸せな，うれしい，楽しい
- ☐ sad［サド］形 悲しい
- ☐ make［メイク］動 作る，こしらえる
- ☐ coffee［コーフィ］名 コーヒー
- ☐ drink［ドリンク］動（水・酒などを）飲む

Notes　● Tanaka Hana
日本人の名前を英語で表現するとき，①日本語同様「姓（せい）＋名」とする言い方と，②英語圏（けん）での言い方にあわせて「名＋姓」とする言い方の2通りがある。この教科書では①で統一している。

Drill POINTの文を練習しよう。 

1 Listen 下の語句の意味を確認しながら，音声を聞いてみよう。
2 Repeat **POINT**の文を参考に，音声に続けて英文を言ってみよう。
3 Say 下の語句を参考に，英文を言ってみよう。

Ⓐ 
happy
（幸せな）

Ⓑ 
sad
（悲しい）

Ⓒ 
angry
（怒って）

Ⓓ 
thirsty
（のどがかわいて）

Ⓔ 
a soccer player
（サッカー選手）

Ⓕ 
a tennis player
（テニス選手）

Ⓖ 
a swimmer
（水泳選手）

Ⓗ 
a skier
（スキーヤー）

〈Repeatする英文〉

Ⓐ I am happy.（私は幸せです。）
Ⓑ I am sad.（私は悲しいです。）
Ⓒ I am angry.（私は怒っています。）
Ⓓ I am thirsty.（私はのどがかわいています。）
Ⓔ I am a soccer player.（私はサッカー選手です。）
Ⓕ I am a tennis player.（私はテニス選手です。）
Ⓖ I am a swimmer.（私は水泳選手です。）
Ⓗ I am a skier.（私はスキーヤーです。）

Drill

1 Listen / 2 Repeat / 3 Say 

Ⓐ 
eat a banana
（バナナを食べる）

Ⓑ 
eat an apple
（リンゴを食べる）

Ⓒ 

study math
（数学を勉強する）

Ⓓ 
study science
（理科を勉強する）

Ⓔ 
play basketball
（バスケットボールをする）

Ⓕ 
watch basketball
（バスケットボールを見る）

Ⓖ 
make coffee
（コーヒーをいれる）

Ⓗ 
drink coffee
（コーヒーを飲む）

〈Repeatする英文〉

Ⓐ I eat a banana.（私はバナナを食べます。）
Ⓑ I eat an apple.（私はリンゴを食べます。）
Ⓒ I study math.（私は数学を勉強します。）
Ⓓ I study science.（私は理科を勉強します。）
Ⓔ I play basketball.（私はバスケットボールをします。）
Ⓕ I watch basketball.（私はバスケットボールを見ます。）
Ⓖ I make coffee.（私はコーヒーをいれます。）
Ⓗ I drink coffee.（私はコーヒーを飲みます。）

Part 1 ③ About Me

声を出して読んでみよう

・新しいALTのブラウン先生が，わかば中学校にやってきました。

Read 学校新聞に掲載(けいさい)されたブラウン先生の自己紹介(しょうかい)の記事を読もう。

❶ Wakaba J.H.S. Student Journal ❷ Our New Teacher

Ms. Brown

❸ Hi. ❹ I am Lucy Brown. ❺ I am from London. ❻ I live in Wakaba City now.

❼ I like animals very much.

❽ I have a turtle and an iguana at home.

from は「…から」と出身地を表す。

animal の複数形。

like：…が好きである

at home：家に

have は「持っている」という意味だが，ここでは動物を「飼っている」という意味で考える。

語句を確かめよう (p. 20)

- 重要 ☐ live [リヴ] 動 住んでいる
- 重要 ☐ city [スィティ] 名 市
- 重要 ☐ now [ナウ] 副 今は
- 重要 ☐ much [マチ] 副 とても
- ☐ *very much* とても
- ☐ turtle [タートル] 名 カメ
- ☐ Ms. [ミズ] 名 …先生
- ☐ Lucy Brown 名 ルーシー・ブラウン（名前）
- ☐ London [ランドン] 名 ロンドン（地名）
- ☐ iguana [イグワーナ] 名 イグアナ

確認しよう (p. 20)

- ☐ hi [ハイ] 間 こんにちは，やあ
- ☐ animal(s) [アニマル(ズ)] 名 動物
- ☐ very [ヴェリ] 副 とても，非常に，大変
- ☐ at [アト] 前 〔場所・時間の一点〕…に，…で

語句を確かめよう (p.21)

- ☐ comic(s) [カミク(ス)] 名 漫画の本

ここがポイント!

❹ I am Lucy Brown.

- **I am** …. は自己紹介で使う文です。あとには名前などが続きます。

❻ I live in Wakaba City now.

- **I live** in …. で「私は…に住んでいます。」という意味になります。
- 住んでいる場所が**live** inのあとに続きます。

本文の意味をつかもう

❶わかば中学校生徒新聞　❷私たちの新しい先生
❸こんにちは。❹私はルーシー・ブラウンです。❺私はロンドン出身です。❻私は今，わかば市に住んでいます。❼私は動物がとても好きです。❽私は家でカメとイグアナを飼っています。

Q&A

ブラウン先生は何を飼っていますか。

解答 カメとイグアナ

Write　あなたのプロフィールカードを作って，ALT の先生に読んでもらおう。

Step 1　あなた自身のことを，メモに書き出そう。

名前		□	いつもすること		□
好きなもの		□	得意なこと		□
その他		□	その他		□

解答例

名前	鈴木　洋二郎	□	いつもすること	ギターの練習	□
好きなもの	サッカー	□	得意なこと	歌うこと	□
その他	北市に住んでいる	□	その他	CD をたくさん持っている	□

Word Bank

I am good at ....　…が得意だ
play the piano　ピアノをひく
practice volleyball　バレーボールを練習する
read comics　漫画(まんが)を読む

Step 2 **Step 1** を参考にして，あなたの自己紹介を英語で書こう。

My Profile
（私の自己紹介）

解答例

My Profile

Hi. I am Suzuki Yojiro.

こんにちは。ぼくは鈴木洋二郎です。

I like soccer very much.

ぼくはサッカーが大好きです。

I live in Kita City now.

ぼくは今，北市に住んでいます。

I practice the guitar every day.

ぼくは毎日ギターの練習をします。

I am good at singing.

歌うことが得意です。

I have many CDs.

CD をたくさん持っています。

英語の書き方を確認しよう。

例にならって，あなたの名前を紹介する英文を書こう。

●文の最初の文字は大文字にする（ただし，I は文の中でも大文字）。●人名・地名の最初の文字は大文字にする。

例 I am Tanaka Hana.

●単語の間は小文字 1 つ分くらいあける。 ●文の終わりには，「.」（ピリオド）をつける。

（私は田中花です。）

I am Nakamura Takumi.

（私は中村拓海です。）

英語の音声を確認しよう。

(1) 音声を聞いて，❶～❻の絵が表す単語の初めの文字を下から選び線で結ぼう。

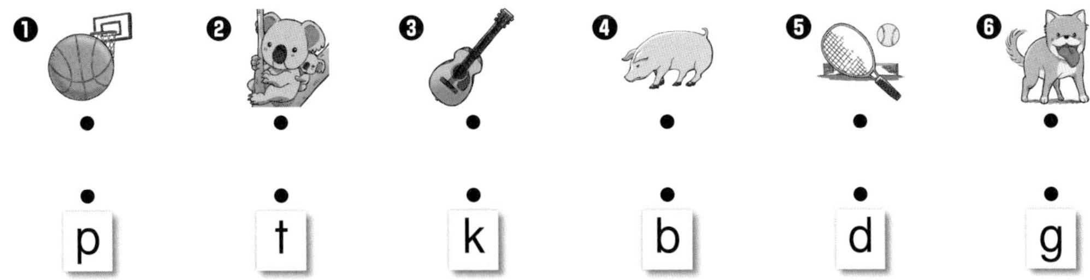

p　t　k　b　d　g

(2) p・t・k で始まる単語を発音するときと，b・d・g で始まる単語を発音するときでは，どんなちがいや共通点があるか話し合おう。

教科書 22～23ページ

Part 2 ❶ About Me

・給食が終わり，昼休みになりました。

聞いてみよう マーク，陸，ケイト，ジンが，趣味や好きなものについて話しています。どんなことを話しているか聞いてみよう。

Check それぞれが話した内容に合うものに○をしよう。

Mark（マーク）

Riku（陸）

Kate（ケイト）

話してみよう **聞いてみよう**を参考にして，ペアやグループで，好きなスポーツや食べ物をたずね合おう。

❶ あなたは…ですか。
❷ あなたは…しますか。

❸ はい，…。
❹ いいえ，…。
❺ 私は…です。
❻ 私は…が好きです。

be 動詞 〈疑問文〉

・「あなたは…ですか」とたずねるときは，Are you ...? で表します。

You are a baseball fan.（あなたは野球のファンです。）

are を主語の前に出す

Are you a baseball fan?（あなたは野球のファンですか。）

主語を I にする

―Yes, I am. / No, I am not.（はい，そうです。／いいえ，そうではありません。）

1

・疑問文では，文の最後にはクエスチョンマーク(?)をつけます。

・Are you…?(あなたは…ですか)に対する答えの文では，主語は I にします。

一般動詞 〈疑問文〉

・「あなたは…しますか」とたずねるときは，〈Do you＋一般動詞…?〉で表します。

You play rock.（あなたはロック音楽を演奏します。）

主語の前に do を置く

Do you play rock?（あなたはロック音楽を演奏しますか。）

主語

do を使って答える

―Yes, I do. / No, I do not.（はい，します。／いいえ，しません。）

・Do you(あなたは)…? に対する答えの文では，主語は I にします。

Note 相手についてわかったことを書こう。

名前	わかったこと		

語句を確かめよう(p. 24) 

☐ Kate [ケイト] 名 ケイト(名前)

Part 2 ② About Me

教科書 24~25ページ

・ポイントを整理して，練習しよう。

POINT **聞いてみよう**と**話してみよう**で，聞いたり，話したりした英文を整理しよう。

❶の英文を音声に続けて言ってみよう。

❶

アー ユー ア ベイスボール ファン
① **Are you** a baseball fan**?**

イン ザ バスケトボール クラブ
② **Are you** in the basketball club**?**

③ **Are you** in a club**?**

グド アト クキング
④ **Are you** good at cooking**?**

① あなたは野球ファンですか。
② あなたはバスケットボール部に入っていますか。
③ あなたは部活動に入っていますか。
④ あなたは料理が得意ですか。
⑤ はい，…です。
⑥ いいえ，…ではありません。

イェス アイ アム
⑤ **Yes, I am.**

ノウ ナト
⑥ **No, I am not.**

Yes, I am. や No, I am not. は，❶の Are you ...? の質問に答えるときの言い方だよ。

❷の英文を音声に続けて言ってみよう。

❷

ドゥー ユー プレイ ラク
⑦ **Do you** play rock**?**

ライク ミューズィク
⑧ **Do you** like music**?**

スポーツ
⑨ **Do you** like sports**?**

イート ヂャパニーズ フード
⑩ **Do you** eat Japanese food**?**

⑦ あなたはロック音楽を演奏しますか。
⑧ あなたは音楽が好きですか。
⑨ あなたはスポーツが好きですか。
⑩ あなたは日本食を食べますか。
⑪ はい，…です。
⑫ いいえ，…ではありません。

イェス
⑪ **Yes, I do.**

ノウ ナト
⑫ **No, I do not.** 〔do not → don't〕

Yes, I do. や No, I do not. は，❷の Do you ...? の質問に答えるときの言い方だよ。

語句を確かめよう (p. 26~27)

- fan [ファン] 名 (スポーツ・映画などの) ファン
- rock [ラク] 名 (音楽の) ロック
- bathroom [バスルーム] 名 浴室
- 重要 kitchen [キチン] 名 台所；〔形容詞的〕台所用の
- 重要 draw [ドロー] 動 (線を) 引く；(鉛筆・ペン・クレヨンなどで絵などを) かく
- 重要 picture(s) [ピクチャ(ズ)] 名 絵画，絵《油絵・水彩画・線画の別なく使い，手がきのものにも印刷されたものにもいう》；写真
- 重要 take [テイク] 動 (写真・コピー・記録などを) とる
- *take a picture* 写真をとる

確認しよう (p. 26~27)

- club [クラブ] 名 クラブ，部
- yes [イェス] 副 〔質問に答えて〕はい，そうです
- no [ノウ] 副 いいえ，いや
- not [ナト] 副 (…で) ない，(…し) ない
- food [フード] 名 食べ物
- cook [クク] 動 熱を使って料理する

Drill POINTの文を練習しよう。♪

1 Listen 下の語句の意味を確認しながら，音声を聞いてみよう。
2 Repeat **POINT** の文を参考に，音声に続けて英文を言ってみよう。
3 Say 下の語句を参考に，英文を言ってみよう。

Ⓐ in the tennis club（テニス部に） Ⓑ in the dance club（ダンス部に） Ⓒ in the art club（美術部に） Ⓓ in the music club（音楽部に）

Ⓔ from India（インド出身） Ⓕ from Australia（オーストラリア出身） Ⓖ from the U.S.A.（アメリカ合衆国出身） Ⓗ from the U.K.（英国出身）

〈Repeatする英文〉

Ⓐ Are you in the tennis club?（あなたはテニス部に入っていますか。）
Ⓑ Are you in the dance club?（あなたはダンス部に入っていますか。）
Ⓒ Are you in the art club?（あなたは美術部に入っていますか。）
Ⓓ Are you in the music club?（あなたは音楽部に入っていますか。）
Ⓔ Are you from India?（あなたはインド出身ですか。）
Ⓕ Are you from Australia?（あなたはオーストラリア出身ですか。）
Ⓖ Are you from the U.S.A.?（あなたはアメリカ合衆国出身ですか。）
Ⓗ Are you from the U.K.?（あなたは英国出身ですか。）

Drill ♪

1 Listen / 2 Repeat / 3 Say

Ⓐ practice judo（柔道を練習する） Ⓑ practice the violin（バイオリンを練習する） Ⓒ clean the bathroom（風呂をそうじする） Ⓓ clean the kitchen（台所をそうじする）

Ⓔ draw pictures（絵をかく） Ⓕ take pictures（写真をとる） Ⓖ cook breakfast（朝食を料理する） Ⓗ eat breakfast（朝食を食べる）

〈Repeatする英文〉

Ⓐ Do you practice judo?（あなたは柔道を練習しますか。）
Ⓑ Do you practice the violin?（あなたはバイオリンを練習しますか。）
Ⓒ Do you clean the bathroom?（あなたは風呂をそうじしますか。）
Ⓓ Do you clean the kitchen?（あなたは台所をそうじしますか。）
Ⓔ Do you draw pictures?（あなたは絵をかきますか。）
Ⓕ Do you take pictures?（あなたは写真をとりますか。）
Ⓖ Do you cook breakfast?（あなたは朝食を料理しますか。）
Ⓗ Do you eat breakfast?（あなたは朝食を食べますか。）

Part 2 ③ About Me

声を出して読んでみよう 

・学校新聞には，先生が生徒の質問に答えるコーナーがあります。

Read ブラウン先生に質問がきました。生徒の質問と先生の回答を読もう。

① Wakaba J.H.S. Student Journal ② Question and Answer

❶ ③ Are you interested in Japanese comics?
— ④ Yes, I am. ⑤ I like *Dragon Ball*.
❷ ⑥ Do you know any Japanese songs?
— ⑦ Yes, I do. ⑧ I often sing J-pop songs.
❸ ⑨ Do you play any sports?
— ⑩ No, I don't. ⑪ I often watch football.

Are you …? には be 動詞の am を使って Yes か No で答える。

often は be 動詞のあと，一般動詞の前に置く。この場合は一般動詞 sing の前になる。

Do you ...? には do を使って Yes か No で答える。

ドラゴンボール《漫画の名前》，書籍名や作品名は斜体で表記される。

語句を確かめよう (p. 28) 

- 重要 ☐ interested [インタレステド] 形 興味を持った
  - ☐ *be interested in* ... …に興味がある
- 重要 ☐ know [ノウ] 動 知っている
- 重要 ☐ any [エニ] 形 いくつかの
- 重要 ☐ song(s) [ソーング(ズ)] 名 歌
- 重要 ☐ often [オーフン] 副 しばしば
- ☐ Dragon Ball [ドラゴン ボール] 名 ドラゴンボール《漫画》
- ☐ J-pop [ヂェイ ポプ] 名 Jポップ

確認しよう (p. 28)

- ☐ sing [スィング] 動 歌う
- ☐ football [フトボール] 名 フットボール(用のボール)《アメリカではふつうAmerican football(アメリカンフットボール)を，イギリスではsoccer(サッカー)を指す》

語句を確かめよう (p. 29) 

- 重要 ☐ word(s) [ワード〔ヅ〕] 名 ことば，単語

ここがポイント!

❸ Are you interested in Japanese comics?

- **Are you ...?** は「あなたは…ですか」とたずねるときに使う表現です。

❹ Yes, I am.

- 「はい，そうです。」と答えるときは，主語はIを使って **Yes, I am.** と答えます。

❻ Do you know any Japanese songs?

- 〈**Do you＋一般動詞 …?**〉は「あなたは…しますか」とたずねるときに使う表現です。

❼ Yes, I do.

- 「はい，します。」と答えるときは，doを使って **Yes, I do.** と答えます。

❿ No, I don't.

- 「いいえ，しません。」と答えるときは，doを使って **No, I don't.** と答えます。

本文の意味をつかもう

❶わかば中学校　生徒新聞　❷「質問と回答」

❶ ❸あなたは日本の漫画に興味はありますか。
❹はい，あります。❺私は「ドラゴンボール」が好きです。

❷ ❻あなたは何か日本の歌を知っていますか。
❼はい，知っています。❽私はJポップの歌をよく歌います。

❸ ❾あなたは何かスポーツをしますか。
❿いいえ，しません。⓫私はサッカーの試合をしばしば見ます。

Write　ALTの先生にたずねたいことを考えて，インタビューしよう。

Step 1　先生にたずねたいことを，メモに書き出そう。

興味があるかどうか		□
知っているかどうか		□
その他		□

解答例

興味があるかどうか	日本のスポーツ	□
知っているかどうか	日本のことば	□
その他	日本食を作るかどうか	□

Word Bank

sports　スポーツ　　music　音楽　　comics　漫画(まんが)　　Japanese words　日本語のことば

Step 2 **Step 1** を参考にして，先生への質問を英語で書こう。

Questions to

❶

❷

❸

解答例

Questions to Mr. Jones

（ジョーンズ先生への質問）

❶ Are you interested in Japanese sports?

（あなたは日本のスポーツに興味がありますか。）

❷ Do you know any Japanese words?

（あなたは日本のことばを何か知っていますか。）

❸ Do you cook any Japanese dishes?

（あなたは日本の料理を何か料理しますか。）

英語の書き方を確認しよう。

例にならって，相手のことをたずねる文とその答えを書こう。

●質問する文の終わりには，「?」（クエスチョンマーク）をつける。

例 Do you like sports?　Yes, I do.

（あなたはスポーツが好きですか。）　（はい，好きです。）

●文の最初にくる Yes, No やあいさつのあとには「,」（コンマ）をいれる。そのあとは小文字１つ分くらいあける。

解答例 Do you like Japanese comics?

（あなたは日本の漫画が好きですか。）

No, I don't.

（いいえ，好きではありません。）

英語の音声を確認しよう。

(1) ❶～❹の単語の下線部を発音するとき，舌の位置は口の中のどこにあるでしょうか。また，くちびるはどんな形をしているだろう。注意しながら言ってみよう。

❶ light（光）　❷ right（右）　❸ moon（月）　❹ noon（正午）

(2) ❶～❹の各組の単語が左から読まれます。そのあとに続けて読まれるのはどちらの単語か聞き取ろう。

❶ light / right　❷ lead / read（先頭に立つ / 読む）　❸ moon / noon　❹ mail / nail（郵便 / つめ）

Q&A

ブラウン先生がよく見るスポーツは何ですか。

解答 サッカー

教科書 28〜29ページ

Part 3 ❶ About Me

・放課後，陸たちは家へ向かって学校を出ました。

聞いてみよう ジン，ケイト，花，陸が趣味や好きなものについて話しています。どんなことを話しているか聞いてみよう。

Check それぞれが話した内容に合うものに○をしよう。

話してみよう **聞いてみよう**を参考にして，ペアやグループで，趣味や好きなことについて話そう。

❶ あなたは…ですか。
❷ あなたは…ですか。
❸ 私は…です。
❹ 私は…が好きです。
❺ 私は…ではありません。
❻ 私は…しません。

be 動詞 〈否定文〉

・「私は…ではありません」と否定するときは，I am [I'm] not .... で表します。

I am good at the guitar.（私はギターが得意です。）

be 動詞のあとに not を置く

I am **not** good at the guitar.（私はギターが得意ではありません。）

・「あなたは…ではありません」と否定するときは，You are not[aren't] .... で表します。

You are in a band.（あなたはバンドに入っています。）

be 動詞のあとに not を置く

You are **not** in a band.（あなたはバンドに入っていません。）

・否定文では，be 動詞のあとに not を置きます。

一般動詞 〈否定文〉

・「…しません」と否定するときは，〈主語＋ do not ＋一般動詞 ….〉で表します。

I play baseball.（私は野球をします。）

一般動詞の前に do not を置く

I **do not** play baseball.（私は野球をしません。）

一般動詞

・否定文では，一般動詞の前に do not を置きます。

Note 相手についてわかったことを書こう。

名前	わかったこと		

教科書 30～31ページ

Part 3 ❷ About Me

・ポイントを整理して，練習しよう。

POINT **聞いてみよう**と**話してみよう**で，聞いたり，話したりした英文を整理しよう。

❶の英文を音声に続けて言ってみよう。

❶

アイ アム　ナト　グド　アト　ザ　ギター
① I am **not** good at the guitar.

インア　バンド
② I am **not** in a band.

アン　アニメ　ファン
③ I am **not** an anime fan.

インタレステド　イン
④ I am **not** interested in anime.

ユー　アー
⑤ You are **not** in a band.

〔are not → aren't〕

youのときはare notを使うよ。

① 私はギターが得意ではありません。
② 私はバンドに入っていません。
③ 私はアニメファンではありません。
④ 私はアニメに興味がありません。
⑤ あなたはバンドに入っていません。

❷の英文を音声に続けて言ってみよう。

❷

ドゥー　プレイ　ベイスボール
⑥ I **do not** play baseball.

ノウ　ザ　キャラクタ
⑦ I **do not** know the character.

ライク　アクション　ムービーズ
⑧ I **do not** like action movies.

ゴウ トゥー　スィーアタズ
⑨ I **do not** go to theaters.

⑩ You **do not** go to theaters.

youのときも，Iのときと同じdo notを使うよ。

⑥ 私は野球をしません。
⑦ 私はそのキャラクターを知りません。
⑧ 私はアクション映画が好きではありません。
⑨ 私は映画館へ行きません。
⑩ あなたは映画館へ行きません。

語句を確かめよう (p. 34～35) ♪

- ☐ band [バンド] 名 バンド，楽団
- ☐ excited [イクサイテド] 形 興奮した，わくわくした
- ☐ pianist [ピアニスト] 名 ピアニスト；ピアノをひく人
- ☐ guitarist [ギターリスト] 名 ギター奏者，ギタリスト
- ☐ drummer [ドラマ] 名 (バンドの) ドラマー，ドラム奏者
- ☐ anime [アニメイ] 名 アニメ
- ☐ trumpeter [トランペタ] 名 トランペット奏者
- 重要 ☐ character [キャラクタ] 名 人物，登場人物
- 重要 ☐ action [アクション] 名 (俳優などの) 動き，演技，動作
- ☐ theater(s) [スィーアタ(ズ)] 名 劇場；〔主に米〕映画館
- ☐ Chinese [チャイニーズ] 名 中国人，中国語
- 重要 ☐ use [ユーズ] 動 使う，使用する，利用する

確認しよう (p. 35)

- tired [タイアド] 形 疲れて
- hungry [ハングリ] 形 空腹の
- speak [スピーク] 動 (ある言語を) 話す
- computer [コンピュータ] 名 コンピューター

Note

● anime (p.34)

anime や sushi のように，日本語など英語以外のことばが，英語として一般的に使われる場合は，英語と同じように表記される。

Drill POINTの文を練習しよう。 

1 Listen 下の語句の意味を確認しながら，音声を聞いてみよう。
2 Repeat **POINT** の文を参考に，音声に続けて英文を言ってみよう。
3 Say 下の語句を参考に，英文を言ってみよう。

Ⓐ tired (疲れて)　Ⓑ excited (興奮して)　Ⓒ sleepy (眠い)　Ⓓ hungry (空腹の)

Ⓔ a pianist (ピアニスト)　Ⓕ a guitarist (ギター奏者)　Ⓖ a drummer (ドラマー)　Ⓗ a trumpeter (トランペット奏者)

〈Repeatする英文〉

Ⓐ I am not tired. (私は疲れていません。)
Ⓑ I am not excited. (私はわくわくしていません。)
Ⓒ I am not sleepy. (私は眠くありません。)
Ⓓ I am not hungry. (私は空腹ではありません。)
Ⓔ I am not a pianist. (私はピアニストではありません。)
Ⓕ I am not a guitarist. (私はギター奏者ではありません。)
Ⓖ I am not a drummer. (私はドラマーではありません。)
Ⓗ I am not a trumpeter. (私はトランペット奏者ではありません。)

Drill 

1 Listen / 2 Repeat / 3 Say

Ⓐ speak French (フランス語を話す)　Ⓑ speak Chinese (中国語を話す)　Ⓒ like baseball (野球が好き)　Ⓓ like pizza (ピザが好き)

Ⓔ know the song (その歌を知っている)　Ⓕ sing the song (その歌を歌う)　Ⓖ have a computer (コンピューターを持っている)　Ⓗ use a computer (コンピューターを使う)

〈Repeatする英文〉

Ⓐ I do not speak French. (私はフランス語を話しません。)
Ⓑ I do not speak Chinese. (私は中国語を話しません。)
Ⓒ I do not like baseball. (私は野球が好きではありません。)
Ⓓ I do not like pizza. (私はピザが好きではありません。)
Ⓔ I do not know the song. (私はその歌を知りません。)
Ⓕ I do not sing the song. (私はその歌を歌いません。)
Ⓖ I do not have a computer. (私はコンピューターを持っていません。)
Ⓗ I do not use a computer. (私はコンピューターを使いません。)

教科書 32〜33ページ

Part 3 ③ About Me

声を出して読んでみよう ♪

・学校新聞には，ブラウン先生からほかの先生への質問コーナーがあります。

Read 今回は丘先生に趣味をたずねたようです。丘先生が書いた記事を読もう。

❶ Wakaba J.H.S. Student Journal

❷ **About My Hobby**

Mr. Oka

❸ I like hip-hop dance. ❹ I am not a very good dancer. ❺ I go to dance lessons. ❻ We sometimes have a show. ❼ Come and see it. ❽ You do not need a ticket for the show.

lessons：レッスン，習い事

> 単語をつなげて１つの単語を作るときはハイフン(-)を使う。

> be 動詞の否定文。not ～ very で「あまり…ではない」となることに注意。

> sometimes は be 動詞のあと，一般動詞の前に置く。この場合は一般動詞 have の前になる。

語句を確かめよう (p. 36) 

- ☐ hip-hop [ヒプハプ] 名 ヒップホップ
- 重要 ☐ sometimes [サムタイムズ] 副 ときどき
- 重要 ☐ show [ショウ] 名 ショー
- 重要 ☐ come [カム] 動 来る
- ☐ *come and see ...* …を見に来る［行く］
- 重要 ☐ need [ニード] 動 …を必要とする
- 重要 ☐ ticket [ティケト] 名 チケット
- ☐ Mr. [ミスタ] 名 …先生

確認しよう (p. 36)

- ☐ we [ウィー] 代 私たちは，私たちが，われわれは〔が〕
- ☐ see [スィー] 動 会う，たずねて行く
- ☐ it [イト] 代 それを，それに，それ（三人称・単数の目的格）
- ☐ for [フォー] 前〔利益〕…のために〔の〕；〔用途・対象〕…用に〔の〕，…のために〔の〕

ここがポイント！

❹ I am not a very good dancer.

• **I am [I'm] not ....** は「私は…ではありません」と否定するときに使う表現です。

❽ You do not need a ticket for the show.

• 〈**主語＋do not＋一般動詞 ....**〉は「…しません」と否定するときに使う表現です。

本文の意味をつかもう

❶わかば中学校　生徒新聞　❷「私の趣味について」
❸私はヒップホップダンスが好きです。❹踊るのはあまり上手ではないのですが。❺ダンスレッスンに通っています。❻ときどきショーをします。❼見に来てください。❽ショーにチケットは必要ありませんので。

ALTの先生にあなたのことを知ってもらうために，トピックを１つ選んで，くわしく説明する記事を書こう。

Step 1　トピックを１つ選ぼう。

①My Hobby（私の趣味）　②My Favorite Sport（私の大好きなスポーツ）　③My Favorite Music（私の大好きな音楽）

Word Bank

swimming　水泳
gymnastics　体操
pop music　ポピュラー音楽
classical music　クラシック音楽

語句を確かめよう（p. 37）

☐ hobby［ハビ］名 趣味

☐ classical［クラスィカル］
形（文学・芸術など）古典主義の；古典的な

確認しよう（p. 37）

☐ favorite［フェイヴァリト］形 お気に入りの，大好きな

Step 2 選んだトピックに関して，伝えたいことを英文で書き出そう。

About

Step 3 読み手が理解しやすいように，文を並べかえよう。

解答例

① About My Hobby

I like playing the piano. I am good at playing it. I practice it every day. I like classical music very much. I have a piano lesson on Fridays. I want to be a pianist.

(私の趣味について
私はピアノをひくことが好きです。私はそれを演奏するのが得意です。私はそれを毎日練習します。私はクラシック音楽が大好きです。私は金曜日にピアノのレッスンがあります。私はピアニストになりたいです。)

② About My Favorite Sport

I like tennis. I am not a very good tennis player. I belong to the tennis club at school. I practice it every day. I also like watching tennis. I usually watch it on TV.

(私の大好きなスポーツについて
私はテニスが好きです。私はあまり上手なテニス選手ではありません。私は学校でテニス部に所属しています。私はそれを毎日練習します。私はテニスを見ることも好きです。私はたいていテレビでそれを見ます。)

③ About My Favorite Music

I like pop music. I like J-pop songs very much. I enjoy listening to J-pop songs. I sometimes go to a concert. I have some favorite J-pop groups. I play J-pop songs on the piano.

(私の大好きな音楽について
私はポップ音楽が好きです。私はＪポップの歌が大好きです。私はＪポップの歌を聞くことを楽しみます。私は時々コンサートに行きます。私はいくつかの大好きなＪポップのグループがあります。私はＪポップの歌をピアノでひきます。)

英語の書き方を確認しよう。

例にならって，相手の状態をたずねる文と，否定する文を書こう。

I am を短縮するときには，a をとり，I と m の間に「'」(アポストロフィー)をつける。

例 Are you tired? No. I'm not tired.

(あなたはつかれていますか。) (いいえ。私はつかれていません。)

ピリオドと次の文の間は，小文字2つ分くらいあける。

英語の音声を確認しよう。

(1) ❶〜❹の単語を，下線部の音に注意して言ってみよう。

❶ math (数学)　❷ think (考える)　❸ this (これ)　❹ brother (兄〔弟〕)

(2) ❶❷の単語の th の発音と同じものを選び線で結ぼう。

Q&A

丘先生はダンスを習っていますか。

解答 はい，習っています。

GET Plus 1 どんな食べものが好きですか

Dialog 学校の帰り道，好きな食べものについて，ケイトと陸が話しています。

ケイト：私は日本食が好き。
陸：どんな食べ物が好きなの？
ケイト：おにぎりが好きかな。

「どんな…を～ですか。」とたずねるときは，〈what＋名詞〉を文頭に置いてそのあとに一般動詞のふつうの疑問文の語順を続けます。

Exercise 1 陸になったつもりで，ジンとマークに，どんなものが好きかたずねよう。

❶

解答例 Riku: What fruit do you like?
（あなたはどんな果物が好きですか。）
Jing: I like pineapples.
（私はパイナップルが好きです。）

❷

解答例 Riku: What animal do you like?
（あなたはどんな動物が好きですか。）
Mark: I like rabbits.
（私はウサギが好きです。）

Exercise 2 Dialog を参考にペアで会話しよう。 ➡ Word Bank p.41

次の□から１つ選んで，好きなものを言ったり，たずねたりしよう。

movie （映画）	TV program （テレビ番組）	music （音楽）

解答例 ▶ movie
Q: What movie do you like? （あなたはどんな映画が好きですか。）
A: I like Harry Potter movies [animated movies / action movies / horror movies].
（私はハリー・ポッターの映画〔アニメ映画 / アクション映画 / ホラー映画〕が好きです。）

Write 上で好きなものをたずねた文を書こう。 解答例 （略）

Try ペアで，自分や相手が好きなものについて自由に話そう。 解答例 （略）

Try Idea Box

【color 色】
blue 青　yellow 黄　red 赤　pink ピンク　black 黒　white 白

【subject 教科】
English 英語　math 数学　Japanese 国語　music 音楽　P.E. 体育

Word Bank

Movies

action movies
（アクション映画）

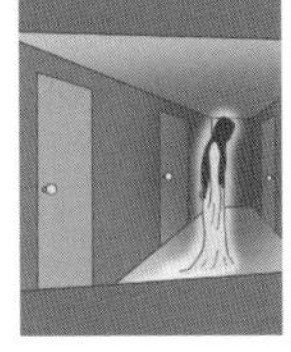
horror movies
（ホラー映画）

animated movies
（アニメ映画）

comedy movies
（コメディー映画）

fantasy movies
（ファンタジー映画）

romance movies
（恋愛映画）

documentary movies
（ドキュメンタリー映画）

science fiction movies
（SF 映画）

TV programs

dramas
（ドラマ）

news
（ニュース）

quiz shows
（クイズ番組）

sports programs
（スポーツ番組）

Music

pop music
（ポップ音楽）

rock music
（ロック音楽）

classical music
（クラシック音楽）

folk music
（フォーク音楽）

確認しよう (p.40)

- ☐ what [（ホ）ワト] 形 何の，何という，どんな
- ☐ ball(s) [ボール（ズ）] 名 ボール，球，玉

語句を確かめよう (p.41) 

- ☐ horror [ホーラ] 名 恐怖；恐怖を感じさせる
- ☐ comedy [カメディ] 名 喜劇
- ☐ fantasy [ファンタスィ] 名 空想；空想の産物
- ☐ romance [ロウマンス] 名 恋愛関係；恋愛小説［映画］
- ☐ documentary [ダキュメンタリ] 形 記録作品の；事実を記録した
- ☐ fiction [フィクション] 名 小説，創作；作り話
- ☐ program(s) [プロウグラム（ズ）] 名 番組（表），プログラム
- 重要 ☐ news [ニューズ] 名 報道；知らせ
- ☐ quiz [クウィズ] 名（ラジオ・テレビの）クイズ
- ☐ folk [フォウク] 形 民間の，民間伝承の
- ☐ animated [アニメイテド] 形 アニメの

文法のまとめ ❶

教科書 36 ページ

● be動詞(am / are)と一般動詞を確認しよう。

① be動詞(am / are)

◆「私〔あなた〕は…(である)」と言うときは，〈主語(I, you)＋be動詞(am, are)....〉で表します。

		主語	be動詞	
肯定文		**I**	**am**	Tanaka Hana. (私は田中花です。)
		You	**are**	a dancer. (あなたはダンサーです。)
疑問文 応答文	**Are** (be動詞を主語の前に置く)	**you**		a baseball fan? (あなたは野球ファンですか。) — **Yes, I am.** / **No, I am not.** (be動詞を使って答える　短縮形はI'm not) (はい，そうです。/いいえ，ちがいます。)
否定文		**I**	am **not** (be動詞の後ろにnotを置く)	good at the guitar. (私はギターが得意ではありません。)
		You	are **not**	in a band. (あなたはバンドに入っていません。)

◆be動詞は，主語によって使いわけます。組み合わせを覚えておきましょう。

主語	be動詞
I (私は)	am
you (あなたは，あなたたちは)	are

・主語＋be動詞
I am → I'm
you are → you're

・be動詞＋not
are not → aren't

◆話しことばでは，「短縮形」(ちぢめた言い方)がよく使われます。

Drill 1　日本語の意味に合うように，(　　)内から適する語(句)を選んで書きましょう。

1. I (am / are) Kimura Ryota. (私は木村亮太です。)
2. You (am / are) a baseball player. (あなたは野球選手です。)
3. I (am not / are not) from Tokyo. (私は東京出身ではありません。)

② 一般動詞

◆動作や状態について「…します」と言うときは，〈主語＋一般動詞 ....〉で表します。

◆一般動詞とbe動詞は並べて使いません。

Drill 2　日本語の意味に合うように，（　　）に適する語を入れましょう。

1. I (　　) music.（私は音楽が好きです。）
2. You (　　) coffee.（あなたはコーヒーを飲みます。）
3. I (　　) (　　) math.（私は数学を勉強しません。）

英語のしくみ

I と you（主語）

日本語 自分や相手をさすことばはいろいろ。

［自分］	［相手］
私は	あなたが
ぼくが	きみは
おれは	

英語 自分のことは I，相手のことは you。

［自分］	［相手］
I	you

語順 日本語と英語では動詞の位置がちがいます。

日本語	私は	ネコを	飼っています。［動詞］
英語	I	have［動詞］	a cat.

◆日本語では「…は（主語）」「…を（目的語）」など，助詞で語句のはたらきを区別するけれど，英語は単語の順番で区別します。

Lesson 2

Part 1 ❶ English Camp

● 花たちは，自然の家で行われている**English Camp**に参加しています。

聞いてみよう キャンプの始めに行う自己紹介（しょうかい）で，花，マーク，ケイトが，自分や家族について話しています。どんなことを話しているか聞いてみよう。

Check

それぞれができることに○をしよう。

Hana（花）

□ 
□ 

Mary（メアリー）

□ 
□ 

Tom（トム）

□ 
□ 

● ポイントを整理して，練習しよう。

POINT **聞いてみよう**と**話してみよう**で，聞いたり，話したりした英文を整理しよう。 

英文を音声に続けて言ってみよう。

アイ キャン　メイク　プディング
❶ I **can** make pudding.

シー　ラン ファスト
❷ She **can** run fast.

ヒー　クライム　トリーズ　ウェル
❸ He **can** climb trees well.

❶ 私はプリンを作ることができます。
❷ 彼女は速く走ることができます。
❸ 彼は上手に木に登ることができます。

話してみよう **聞いてみよう**を参考にして，ペアやグループで，自分の家族，友だちができることを紹介しよう。

❶ 私は…できます。
❷ 彼女は…できます。
❸ 彼は…できます。
❹ わかりました。
❺ かっこいい！
❻ ほんとう？

❹ I **cannot** bake cookies. (キャナト ベイク クキズ) ❹ 私はクッキーを焼くことができません。

❺ She **cannot** jump high. (ヂャンプ ハイ) ❺ 彼女は高くとぶことができません。

❻ He **cannot** swim well. (スウィム ウェル) ❻ 彼は上手に泳ぐことができません。

can と cannot の文の意味のちがいは何だろう。

教科書 38〜39ページ

Part 1 ① English Camp

● can の文（肯定文）（①〜③）

- 「（主語）は…できます」と言うときは，〈主語＋ can ＋動詞 ….〉で表します。
- （主語）が何であっても，〈can ＋動詞 …〉の形は同じです。

例 I can run fast. （私は速く走ることができます。）

She can run fast. （彼女は速く走ることができます。）

● can の文（否定文）（④〜⑥）

- 「（主語）は…できません」と否定するときは，〈主語＋ cannot ＋動詞 ….〉で表します。
- cannot は，１つの単語としてつづります。（短縮形 cannot → can't）
- 主語が何であっても，〈cannot ＋動詞 …〉の形は同じです。

例 I cannot swim well. （私は上手に泳ぐことができません。）

He cannot swim well. （彼は上手に泳ぐことができません。）

語句を確かめよう（p. 44〜47） 

- ☐ cannot［キャナト］canの否定形
- ☐ bake［ベイク］動（オーブンで）焼く
- 重要 ☐ far［ファー］副（距離が）遠くに，遠く
- ☐ skate［スケイト］動 スケートをする
- ☐ Mary［メ（ア）リ］名 メアリー《女性の名前》
- ☐ Tom［タム］名 トム《男性の名前》

確認しよう（p. 44〜45）

- ☐ can［キャン］助（可能）…することができる
- ☐ she［シー］代 彼女は，彼女が
- ☐ run［ラン］動 走る，走って行く
- ☐ fast［ファスト］副（速度が）速く
- ☐ he［ヒー］代 彼は，彼が
- ☐ climb［クライム］動 登る，（両手両足で）よじ登る
- ☐ tree(s)［トリー（ズ）］名 木，樹木
- ☐ well［ウェル］副 うまく，上手に；十分に
- ☐ swim［スウィム］動 泳ぐ

確認しよう（p. 47）

- ☐ ride［ライド］動 乗る，乗って行く

Drill POINTの文を練習しよう。

1 Listen / 2 Repeat / 3 Say

Ⓐ 
jump high
（高くとぶ）

Ⓑ 
jump far
（遠くにとぶ）

Ⓒ 
ride a unicycle
（一輪車に乗る）

Ⓓ 
ride a horse
（馬に乗る）

Ⓔ 
run fast
（速く走る）

Ⓕ 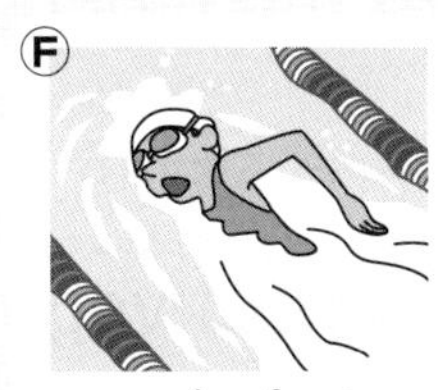
swim fast
（速く泳ぐ）

Ⓖ 
ski well
（上手にスキーをする）

Ⓗ 
skate well
（上手にスケートをする）

〈Repeat する英文〉

Ⓐ I can jump high.（私は高くとぶことができます。）
Ⓑ I can jump far.（私は遠くにとぶことができます。）
Ⓒ I can ride a unicycle.（私は一輪車に乗ることができます。）
Ⓓ I can ride a horse.（私は馬に乗ることができます。）
Ⓔ I can run fast.（私は速く走ることができます。）
Ⓕ I can swim fast.（私は速く泳ぐことができます。）
Ⓖ I can ski well.（私は上手にスキーをすることができます。）
Ⓗ I can skate well.（私は上手にスケートをすることができます。）

Ⓐ I cannot jump high.（私は高くとぶことができません。）
Ⓑ I cannot jump far.（私は遠くにとぶことができません。）
Ⓒ I cannot ride a unicycle.（私は一輪車に乗ることができません。）
Ⓓ I cannot ride a horse.（私は馬に乗ることができません。）
Ⓔ I cannot run fast.（私は速く走ることができません。）
Ⓕ I cannot swim fast.（私は速く泳ぐことができません。）
Ⓖ I cannot ski well.（私は上手にスキーをすることができません。）
Ⓗ I cannot skate well.（私は上手にスケートをすることができません。）

教科書 40～41ページ

Part 1 ② English Camp

声を出して読んでみよう ♪

● 自然の家の廊下には，キャンプに先生として参加している大学生の自己紹介(しょうかい)が掲(けい)示されています。

Read 大学生のジェーンが書いた，友だちの礼とジェーン自身の紹介文を読もう。

❶ English Camp(イングリシュ キャンプ)

❷ Teachers' Profile(ティーチャズ プロウファイル)

❸ Rei and I are the teachers of the cooking activity. ❹ Rei is the main teacher. ❺ He can cut vegetables quickly. ❻ I cannot use a knife well. ❼ I am his assistant. ❽ Enjoy the activity.

❾ Jane

（読み方：Rei アン(ド) アイ アー ザ ティーチャズ アヴ ザ クキング アクティヴィティ／イズ ザ メイン ティーチャ／ヒー キャン カト ヴェヂタブルズ クウィクリ／アイ キャナト ユーズ ア ナイフ ウェル／アイ アム ヒズ アスィスタント／インヂョイ ズィー アクティヴィティ／ヂェイン）

cooking activity は「調理活動」の意味。

quickly は「素早く」，well は「上手に」という意味の副詞。

cannot は can の否定形。「私は…できません。」という意味。

I am …. は「私は…です。」という意味で自己紹介などで使う。

Enjoy …. は「楽しんで。」という意味。

母音（ア・イ・ウ・エ・オに近い音）で始まる語の前では，「ザ」ではなく「ズィー」と読む。

この紹介文を書いたのがジェーンであることがわかる。

Jane　Rei

語句を確かめよう (p. 48) ♪

- 重要 ☐ of [アヴ] 前 …の
- 重要 ☐ main [メイン] 形 おもな
- 重要 ☐ cut [カト] 動 切る
- 重要 ☐ quickly [クウィクリ] 副 すばやく
- ☐ knife [ナイフ] 名 包丁
- 重要 ☐ his [ヒズ] 代 彼の
- ☐ assistant [アスィスタント] 名 助手
- ☐ Jane [ヂェイン] 名 ジェーン《名前》

確認しよう (p. 48)

- ☐ teacher(s) [ティーチャ(ズ)] 名 先生，教師
- ☐ is [イズ] 動 (…で)ある《beの三人称・単数・現在形》
- ☐ enjoy [インヂョイ] 動 楽しむ；味わう

ここがポイント!

❸ Rei and I are the teachers of the cooking activity.

- **Rei and I** が文の主語です。主語が複数なので，be動詞は **are** になっています。

❺ He can cut vegetables quickly.

- **can** は「…できる」という意味の助動詞なので，「彼は…できます。」という文です。

本文の意味をつかもう

❶英語キャンプ
❷先生たちのプロフィール

❸礼と私は調理活動の先生です。❹礼は主となる先生です。❺彼は，野菜を素早く切ることができます。❻私はナイフを上手に使うことができません。❼私は彼の助手です。❽活動を楽しんでください。
❾ジェーンより

Q&A

アクティビティでの礼とジェーンの役割は何ですか。

解答 礼 ― 主となる先生
ジェーン ― 礼の助手

Write　My Friend and I というテーマで，あなたとあなたの友だちの紹介文を書こう。

Step 1　友だちのことをメモに書き出そう。

紹介する友だち		□
あなたとの関係		□
友だちができること		□
あなたができること		□

英文にしたとき，can を使うものに☑しよう。

解答例

紹介する友だち	中村　萌絵	□
あなたとの関係	仲のよい友だち	□
友だちができること	速く泳ぐことができる	☑
あなたができること	乗馬ができる	☑

Step 2 **Step 1** を参考にして，あなたとあなたの友だちの紹介文を書こう。

My Friend and I（私の友だちと私）

解答例

My Friend and I

Hi. I am Suzuki Rika. Moe and I are good friends. She can swim fast. I can ride a horse.

こんにちは。私は鈴木里香です。萌絵と私は親友です。彼女は速く泳ぐことができます。私は馬に乗ることができます。

・I am …. は「私は…です」と自己紹介するときの表現です。友だちができることと，自分ができることは can の文を使って表します。「私は…することができます。」は〈I can ＋動詞….〉，「彼は…することができます」は〈He can ＋動詞….〉，「彼女は…することができます。」は〈She can ＋動詞….〉です。

Word Bank

run fast　速く走る　　play the drums　ドラムを演奏する　　sing well　上手に歌う

英語の書き方を確認しよう。

❶～❸の例を見ながら，友だちや先生の名前をローマ字で書いてみよう。

❶知花（ちか）

「ち」は chi と表す。

❷一平（いっぺい）

つまる音（っ）は，その次の文字を重ねて表す。

❸洋太（ようた）

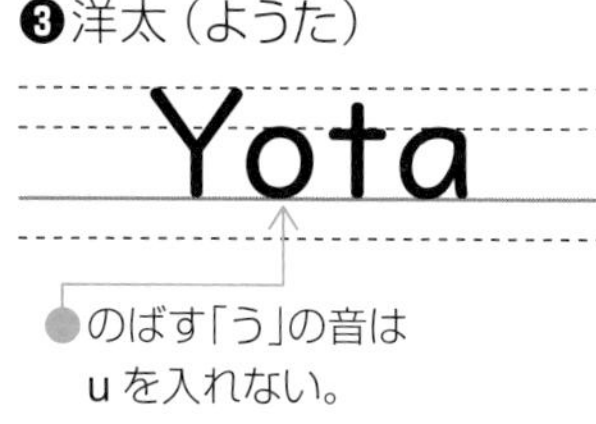

のばす「う」の音は u を入れない。

解答例

（たいち）

（てっぺい）

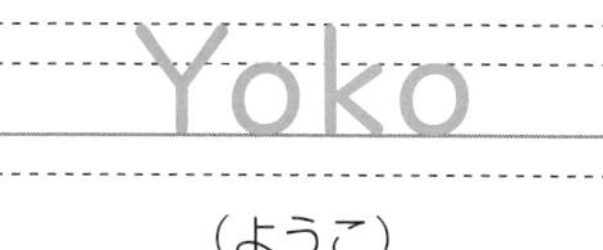

（ようこ）

英語の音声を確認しよう。

(1)　❶～❻の単語をリズムに合わせて，英語らしく言ってみよう。

❶ jam（ジャム）

❷ fish（魚）

❸ milk（牛乳）

❹ bread（パン）

❺ nut（ナッツ）

❻ egg（卵）

(2)　カタカナとして発音するときと，どんなちがいがあるか話し合おう。

Part 2 ❶ English Camp

● キャンプ最終日のタレントショーの出演者を募集しています。

聞いてみよう マーク，花，陸が，キャンプに参加している留学生とタレントショーについて話しています。どんなことを話しているか聞いてみよう。

Check

それぞれができることに○をしよう。

Mark（マーク）　Hana（花）　Riku（陸）

● ポイントを整理して，練習しよう。

POINT **聞いてみよう**と**話してみよう**で，聞いたり，話したりした英文を整理しよう。

英文を音声に続けて言ってみよう。

❶ **Can** you dance?

❷ **Can** you play the guitar?

❸ **Can** you do *kendama* tricks?

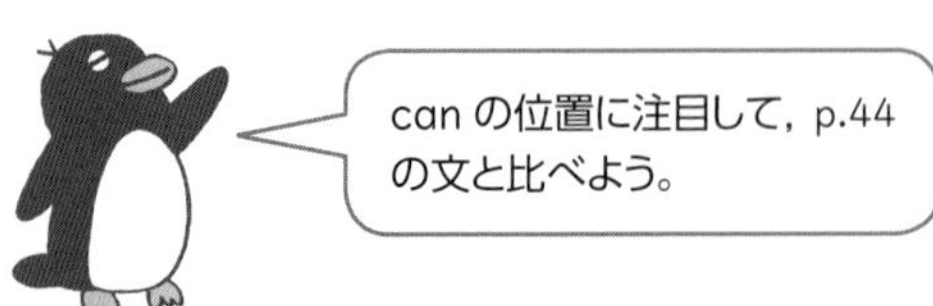

❶ あなたは踊ることができますか。

❷ あなたはギターをひくことができますか。

❸ あなたはけん玉の技ができますか。

話してみよう　**聞いてみよう**を参考にして，ペアやグループで，できることをたずね合おう。

❶ あなたは…できますか。
❷ はい，…。
❸ いいえ，…。
❹ 私は…できます。
❺ 私は…できません。

❹ Yes, I **can.**（イェス　アイ）

❺ No, I **cannot.**（ノウ　キャナト）

p.26 の❶❷の質問と答えの文とのちがいや共通点について話し合おう。

❹ はい，できます。
❺ いいえ，できません。

教科書 42〜43ページ

Part 2 ❶ English Camp

● can の疑問文(❶〜❸)

- 「(主語)は…できますか」とたずねるときは，〈Can ＋主語＋動詞 …?〉で表します。
- 主語が何であっても，〈Can ＋主語＋動詞 …?〉の形は同じ。

例 Can you dance?（あなたは踊ることができますか。）
Can he dance?（彼は踊ることができますか。）

くらべてみよう

Do you play the guitar?（あなたはギターをひきますか。）
Can you play the guitar?（あなたはギターをひくことができますか。）

● 応答文(❹〜❺)

- 「(主語)は…できますか」とたずねられたら，canを使って〈Yes, 主語＋can.〉または〈No, 主語＋cannot.〉で答えます。
- 短縮形 cannot → can't

くらべてみよう

Do you play the guitar? — Yes, I do. / No, I do not.
（あなたはギターをひきますか。―はい，ひきます。／いいえ，ひきません。）
Can you play the guitar? — Yes, I can. / No, I cannot.
（あなたはギターをひくことができますか。―はい，できます。／いいえ，できません。）

Drill POINTの文を練習しよう。

1 Listen / 2 Repeat / 3 Say

Ⓐ

touch snakes
(ヘビにさわる)

Ⓑ

touch turtles
(カメにさわる)

Ⓒ

climb trees
(木に登る)

Ⓓ

climb mountains
(山に登る)

Ⓔ

read Spanish
(スペイン語を読む)

Ⓕ

write Spanish
(スペイン語を書く)

Ⓖ

catch the ball
(ボールを捕る)

Ⓗ

kick the ball
(ボールをける)

〈Repeatする英文〉

Ⓐ Can you touch snakes? (あなたはヘビにさわることができますか。)
Ⓑ Can you touch turtles? (あなたはカメにさわることができますか。)
Ⓒ Can you climb trees? (あなたは木に登ることができますか。)
Ⓓ Can you climb mountains? (あなたは山に登ることができますか。)
Ⓔ Can you read Spanish? (あなたはスペイン語を読むことができますか。)
Ⓕ Can you write Spanish? (あなたはスペイン語を書くことができますか。)
Ⓖ Can you catch the ball? (あなたはボールを捕ることができますか。)
Ⓗ Can you kick the ball? (あなたはボールをけることができますか。)

語句を確かめよう (p.52, 55)

☐ trick(s) [トリク(ス)]
名 (手品などの) トリック, たくらみ

☐ Spanish [スパニシュ]
名 スペイン語 (人)

重要 ☐ write [ライト] 動 書く, 文字〔文章〕を書く

重要 ☐ catch [キャチ] 動 つかまえる, 捕る, 捕らえる

確認しよう (p.55)

☐ touch [タチ] 動 触れる, さわる

教科書 44～45ページ

Part 2 ❷ English Camp

声を出して読んでみよう ♪

- キャンプのあと，学校のウェブ掲示板で，キャンプに参加していた留学生とメッセージをやり取りしています。

Read アメリカからの留学生ベッキー（Becky）と陸のやり取りを読もう。

Can you…? という問いかけに対する答えで，「もちろん」の意味。

Becky

❶ I like your "Soran Bushi" dance.

❷ Can you send a video to me?

「ありがとう。」と陸にお礼を言っている。

Riku

❸ Sure.

❹ You can see my video here.

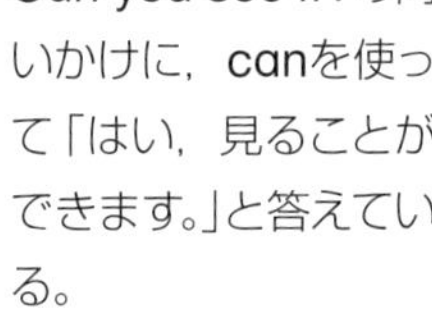

Can you see it?の問いかけに，canを使って「はい，見ることができます。」と答えている。

Becky

❺ Thank you.

Riku

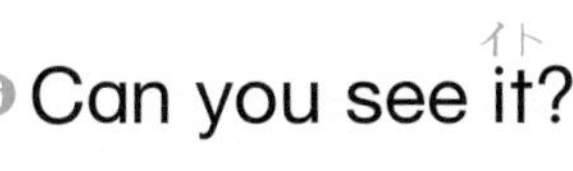

❻ Can you see it?

陸の「ソーラン節踊り」のことを「かっこいい」と言っている。

Becky

❼ Yes, I can. ❽ It's so cool!

ここがポイント！

❶ I like your "Soran Bushi" dance.

- I like …. は「私は…が好きです。」という意味です。your "Soran Bushi" dance（あなたの「ソーラン節踊り」）のことをベッキーは好きだと言っています。

❷ Can you send a video to me?

- このCan you …?は「…してくれますか。」と相手に依頼している文です。

❹ You can see my video here.

- You can …. は「あなたは…できます。」という意味で，「できること（可能なこと）」を表しています。

本文の意味をつかもう

ベッキー：❶私はあなたの「ソーラン節踊り」が好きです。
❷あなたは私に映像を送ってくれますか。
陸：❸もちろんです。
❹あなたは私の映像をここで見ることができます。
ベッキー：❺ありがとう。
陸：❻それを見ることができますか。
ベッキー：❼はい，見ることができます。❽それはとてもかっこいいです。

Q&A 陸はベッキーに何をたのまれましたか。

解答 映像を送ること。

Write マーク，ケイト，ジンの中から１人選んで，できるかどうかたずねるメッセージを書こう。

Step 1 ３人のプロフィールを参考に，質問したいことを考えよう。

名前	Mark（マーク）	Kate（ケイト）	Jing（ジン）
出身	the U.S.A.（アメリカ合衆国）	Australia（オーストラリア）	China（中国）
好きなこと	basketball（バスケットボール）	cooking（料理）	dance（踊り）

解答例

· Mark － Can you dribble well? （あなたは上手にドリブルすることができますか。）

· Kate － Can you cook Japanese food? （あなたは日本食を作ることができますか。）

· Jing － Can you dance ballet? （あなたはバレエを踊ることができますか。）

Step 2 メッセージを書こう。

To

解答例

To Mark （マークへ）
I like basketball. （私はバスケットボールが好きです。）
I can play basketball well. （私はバスケットボールが上手にできます。）
Can you dribble well? （あなたは上手にドリブルできますか。）

To Kate （ケイトへ）
I like Japanese food. （私は日本食が好きです。）
Do you like Japanese food? （あなたは日本食が好きですか。）
Can you cook Japanese food? （あなたは日本食を作ることができますか。）

To Jing （ジンへ）
I can dance ballet. （私はバレエをおどることができます。）
Can you dance? （あなたは踊ることができますか。）
Can you dance ballet? （あなたはバレエをおどることができますか。）

Word Bank

dribble well 上手にドリブルする　cook Japanese food 日本食を作る
dance ballet バレエをおどる

英語の音声を確認(にん)しよう。

例にならって，❶～❻の単語を言いながら音のまとまりごとに手をたたこう。強く発音するところは，強くたたこう。

例 li・on ● •
（ライオン）

❶ monkey（サル）

❷ tiger（トラ）

❸ rabbit（ウサギ）

例 ko・a・la • ● •
（コアラ）

❹ gorilla（ゴリラ）

❺ elephant（ゾウ）

❻ kangaroo（カンガルー）

英語の書き方を確認しよう。

例を見ながら，文字と文字の間隔に注意して，好きな動物の名前を３つ書こう。

例　（クマ）

bear　bear　b e a r

× つまりすぎ　○ちょうどよい　× はなれすぎ

❶

❷

❸

解答例　dog（イヌ）　tiger（トラ）　horse（ウマ）

語句を確かめよう（p.56）

- 重要 send [センド] 動 送る
- 重要 video [ヴィディオウ] 名 映像
- 重要 sure [シュア] 副 もちろん，はい
- 重要 here [ヒア] 副 ここに
- it's　it isの短縮形
- 重要 so [ソウ] 副 とても

確認しよう（p.56）

- your [ユア] 代 あなたの，あなたたちの
- thank [サンク] 動 感謝する，ありがたいと思う，礼を言う
- cool [クール] 形 かっこいい，すばらしい，おしゃれな

語句を確かめよう（p.57）

- ballet [バレイ] 名 バレエ
- dribble [ドリブル] 動 ドリブルをする

GET Plus 2 チョウが何匹見えますか

Dialog わかば動物園で，ケイトと陸が話しています。 

How many butterflies do you see?

I see six butterflies.

ケイト：チョウが数匹見えるよ。
陸：何匹見える？
ケイト：6匹見える。

「どのくらい…ですか」と数をたずねるときは，〈How many＋名詞の複数形…？〉で表します。

Exercise 1 陸になったつもりで，ジンとマークに，動物が何匹見えるか，たずねよう。

❶

解答例 Riku: How many iguanas do you see?
(あなたは何匹のイグアナが見えますか。)
Jing: I see two iguanas.
(私は2匹のイグアナが見えます。)

❷

解答例 Riku: How many turtles do you see?
(あなたは何匹のカメが見えますか。)
Mark: I see seven turtles.
(私は7匹のカメが見えます。)

Exercise 2 Dialog を参考にペアで会話しよう。➡Word Bank p.61

p.61 の動物の絵を見て，見ている動物を言ったり，数をたずねたりしよう。

解答例
- ▶How many monkeys do you see? (あなたは何匹のサルが見えますか。)
  I see three monkeys. (私は3匹のサルが見えます。)
- ▶How many horses do you see? (あなたは何頭の馬が見えますか。)
  I see one horse. (私は1頭の馬が見えます。)
- ▶How many pandas do you see? (あなたは何頭のパンダが見えますか。)
  I see two pandas. (私は2頭のパンダが見えます。)
- ▶How many rabbits do you see? (あなたは何羽のウサギが見えますか。)
  I see four rabbits. (私は4羽のウサギが見えます。)

Write 上で数をたずねた文を書こう。 解答例 (略)

Try ペアで，教室にあるものについて，それがいくつあるか自由に話そう。

解答例 A: How many desks do you see? (あなたは何台の机が見えますか。)
B: I see thirty-four desks. (私は34台の机が見えます。)

Word Bank

Number

0 zero (0(の))
1 one (1(の))
2 two (2(の))
3 three (3(の))
4 four (4(の))
5 five (5(の))
6 six (6(の))
7 seven (7(の))
8 eight (8(の))
9 nine (9(の))
10 ten (10(の))
11 eleven (11(の))
12 twelve (12(の))
13 thirteen (13(の))
14 fourteen (14(の))
15 fifteen (15(の))
16 sixteen (16(の))
17 seventeen (17(の))
18 eighteen (18(の))
19 nineteen (19(の))
20 twenty (20(の))
21 twenty-one (21(の))
22 twenty-two (22(の))
30 thirty (30(の))
40 forty (40(の))
50 fifty (50(の))
60 sixty (60(の))
70 seventy (70(の))
80 eighty (80(の))
90 ninety (90(の))
100 one hundred (100(の))
1,000 one thousand (1000(の))

Animals

語句を確かめよう (p.60) ♪

重要 ☑ some [サム] 形 いくつかの，いくらかの (ふつう肯定の平叙文で使い，疑問文・否定文ではanyが代わりに使われる)

確認しよう (p.60)

☑ how [ハウ] 副 〔程度〕どれくらい
☑ many [メニ] 形 多くの，たくさんの
☑ six [スィクス] 名 形 6 (の)

語句を確かめよう (p.61) ♪

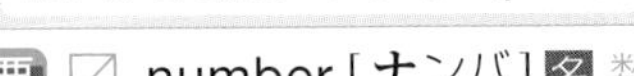

重要 ☑ number [ナンバ] 名 数
☑ thousand [サウザンド] 名 形 1000 (の)
☑ kangaroo [キャンガルー] 名 カンガルー
☑ hawk [ホーク] 名 タカ

確認しよう (p.61)

☑ one [ワン] 名 一つ 形 1つの
☑ two [トゥー] 名 形 2(の)
☑ three [スリー] 名 形 3(の)
☑ four [フォー] 名 形 4(の)
☑ five [ファイヴ] 名 形 5(の)
☑ seven [セヴン] 名 形 7(の)
☑ eight [エイト] 名 形 8(の)
☑ nine [ナイン] 名 形 9(の)
☑ ten [テン] 名 形 10(の)
☑ eleven [イレヴン] 名 形 11(の)
☑ twelve [トウェルヴ] 名 形 12(の)
☑ hundred [ハンドレド] 名 形 100 (の)

文法のまとめ ❷

● 助動詞canを確認しよう。

できることを表す表現（can）

◆「…できます」,「…できません」と言うときは，助動詞canを使います。

		主語	can	動詞	
肯定文		I	**can**	make	pudding.（私はプリンを作ることができます。）
		She	**can**	run	fast.（彼女は速く走ることができます。）
疑問文 応答文	**Can** Canを主語の前に置く	you		dance	?（あなたは踊ることができますか。）
					— Yes, I **can**. / No, I **cannot**. canを使って答える　短縮形はcan't （はい，できます。/ いいえ，できません。）
否定文		I	**cannot** 動詞の前にcannot [can't]	bake	cookies.（私はクッキーを焼くことができません。）

◆canのように動詞に意味を添える語を「助動詞」といいます。

●くらべてみよう

一般動詞の文	canを使った文
I run fast. （私は速く走ります。）	I can run fast. （私は速く走ることができます。）
You play the piano. （あなたはピアノをひきます。）	You can play the piano. （あなたはピアノをひくことができます。）

canの使い方

①「…できる」（能力）

I **can** speak English.（私は英語を話すことができます。） ＝英語を話す能力がある

Saki **can** dance well.（サキは上手に踊ることができます。） ＝上手に踊る能力がある

②「…することが可能である」（可能）

You **can** use my computer.（あなたは私のコンピューターを使うことができます。）

＝私のコンピューターを使うことが可能である

◆canを使って否定文をつくるときは，canとnotを結びつけます。そのとき，are notやdo notとちがい，cannotと1つの単語としてつづることに注意しましょう。cannotの短縮形can'tが使われることもあります。

canの否定形	短縮形
I cannot play tennis now. （私は今テニスをすることができません。）	I can't play tennis now.
Can you swim? — No, I cannot. （あなたは泳げますか。— いいえ，泳げません。）	Can you swim? — No, I can't.

Drill 1　日本語の意味に合うように，(　　)に適する語を入れましょう。

1. I (　) jump high.（私は高くとぶことができます。）
2. Tom (　) (　) well.（トムは上手に料理することができます。）
3. A turtle (　) run fast.（カメは速く走ることができません。）

Drill 2　次の下線部を書きかえて，日本語の意味に合うようにしましょう。

1. I <u>make</u> cookies.（私はクッキーを作ることができます。）
2. You <u>take</u> pictures here.（あなたはここで写真をとることができます。）

英語のしくみ

名詞 英語では，ものの名前を言うときに，数えられるものと，数えられないものを区別します。

数えられるもの 決まった形やまとまりのあるものは，単数形（1つ）と複数形（2つ以上）で表します。

	（ネコ）		（リンゴ）		（箱）	
複数形	cats		apples		boxes	
単数形		a cat		an apple		a box

数えられる1つのものについて言うときは，冠詞（a / an）をつけます。
anになるのは名詞が母音で始まる場合です。

数えられないもの 形が一定でないもの，素材や抽象的なものは数えられません。

素材　　抽象的なもの

water（水）

paper（紙）

tennis（テニス）

music（音楽）

数えられないものについて言うときは，冠詞（a / an）をつけません。
容器に入れたり，かたまりにすると数えられます。
　a glass of water（グラス1杯の水），a piece of paper（1枚の紙）

名詞の複数形

①sをつける
book（本）→ book<u>s</u> [s]
bag（かばん）→ bag<u>s</u> [z]

②esをつける
sandwich（サンドイッチ）
→ sandwich<u>es</u> [iz]

③yをiに変えてesをつける
strawberry（イチゴ）
→ strawberr<u>ies</u> [z]

発音にも注意しよう！

● sやesをつけない
・形を変える
foot（足）→ feet
child（子ども）
→children
・単数形と同じ形
sheep（羊）→ sheep
fish（魚）→ fish

Part 1 ① Our New Friend

● 転校生のディヌーがインドでとった写真を見せています。

聞いてみよう ジンと花がディヌーと話しています。どんなことを話しているか聞いてみよう。 

Check

見ている写真に○をしよう。

Jing and Dinu（ジンとディヌー）　　Hana and Dinu（花とディヌー）

□  □  □  □ 

● ポイントを整理して，練習しよう。

POINT 聞いたり，話したり，読んだりした英文について考えよう。 

英文を音声に続けて言ってみよう。

❶ This(ズィス) **is**(イズ) a(ア) dress(ドレス).

❷ That(ザト) **is** a baseball(ベイスボール) bat(バト).　〔that is → that's〕

---

❸ This **is not**(ナト) a dress.

❹ That **is not** a baseball bat.　〔is not → isn't〕

❶ これはドレスです。
❷ あれは野球のバットです。
❸ これはドレスではありません。
❹ あれは野球のバットではありません。

声を出して読んでみよう ♪

Read ディヌーが，インドの友だちあてに書いたはがきを，花に見せています。

❶ Dear Ratna,（ディア ラトナ）

❷ こんにちは。❸ This is ‘hello’ in Japanese.（ズィス イズ ヘロウ イン チャパニーズ）

❹ It is ‘namaste’ in Hindi.（イト ナマステイ ヒンディー）❺ Japanese is not easy.（ナト イーズィ）❻ I learn it from my friend, Hana.（アイ ラーン フラム マイ フレンド ハナ）

❼ She is a good teacher.（シー ア グド ティーチャ）

❽ Yours,（ユアズ）

❾ ディヌー（❿ This is my name in Japanese.）（ネイム）

Dear, ... は「親愛なる…」という意味で，はがきやカードの書き出しに使う言葉。

in Japanese は「日本語で」，in Hindi は「ヒンディー語で」という意味。

It is .... は「それは…です」という意味。

コンマ(,)を使って，「私の友だちの花」のように説明を加えている。

Yours, は「あなたのもの」という意味で，はがきやカードのしめの言葉。

This is .... の this は「ディヌー」という日本語を指している。

ここがポイント！

❸ This is ‘hello’ in Japanese.

- **This is ....** は「これは…です」という意味で，近くのものを説明する文です。ここの **This** は❷の「こんにちは。」という日本語を指しています。

❼ She is a good teacher.

- **She is ....** は「彼女は…です」という意味です。この **She** は❻の Hana を指しています。

本文の意味をつかもう

❶ラトナへ
❷こんにちは。❸これは日本語でハローという意味。❹ヒンディー語でのナマステだよ。❺日本語は簡単ではなくって。❻友だちの花から学んでいるんだ。❼彼女はよい先生だよ。
❽（いつまでもあなたのもの）
❾ディヌー（❿日本語で私の名前はこう書きます。）

Q&A 花はディヌーに何を教えていますか。 解答 日本語

教科書 51～53ページ

Part 1 ❶,❷ Our New Friend

Drill **POINT**の文を練習しよう。 

1 Listen / 2 Repeat / 3 Say

Ⓐ 
a radish
(ハツカダイコン)

Ⓑ 
a carrot
(ニンジン)

Ⓒ 
my bag
(私のかばん)

Ⓓ 
my cap
(私の帽子)

Ⓔ 
a rabbit
(ウサギ)

Ⓕ 
a fox
(キツネ)

Ⓖ 
my friend, Kumi
(私の友だちの久美)

Ⓗ 
my classmate, Ken
(私のクラスメイトの健)

〈Repeatする英文〉

Ⓐ This is a radish. (これはハツカダイコンです。)
Ⓑ This is a carrot. (これはニンジンです。)
Ⓒ This is my bag. (これは私のかばんです。)
Ⓓ This is my cap. (これは私の帽子です。)
Ⓔ That is a rabbit. (あれはウサギです。)
Ⓕ That is a fox. (あれはキツネです。)
Ⓖ That is my friend, Kumi. (あれは私の友だちの久美です。)
Ⓗ That is my classmate, Ken. (あれは私のクラスメイトの健です。)

Ⓐ This is not a radish. (これはハツカダイコンではありません。)
Ⓑ This is not a carrot. (これはニンジンではありません。)
Ⓒ This is not my bag. (これは私のかばんではありません。)
Ⓓ This is not my cap. (これは私の帽子ではありません。)
Ⓔ That is not a rabbit. (あれはウサギではありません。)
Ⓕ That is not a fox. (あれはキツネではありません。)
Ⓖ That is not my friend, Kumi. (あれは私の友だちの久美ではありません。)
Ⓗ That is not my classmate, Ken. (あれは私のクラスメイトの健ではありません。)

● This [That] is …. の文(肯定文)(POINT の❶〜❷)

- 単数の人やものについて「これ〔あれ〕は…です」と言うときは,〈This [That] is ….〉で表します。
- 近くにあるものは this「これ」, 遠くにあるものは that「あれ」で表します。

くらべてみよう

I am Tanaka Hana. (私は田中花です。)

This is a dress. (これはドレスです。)

● This [That] is …. の文(否定文)(POINT の❸〜❹)

- 「これ〔あれ〕は…ではありません」と否定するときは,〈This[That] is not ….〉で表します。

くらべてみよう

This is a dress. (これはドレスです。)

This is not a dress. (これはドレスではありません。)

語句を確かめよう (p. 64〜66) 

- 重要 ☐ dear [ディア] 形 親愛なる
- ☐ Hindi [ヒンディー] 名 ヒンディー語
- 重要 ☐ easy [イーズィ] 形 やさしい
- 重要 ☐ learn [ラーン] 動 学ぶ
- 重要 ☐ yours [ユアズ] 代 あなたのもの
- ☐ Dinu [ディヌー] 名 ディヌー《名前》
- ☐ Ratna [ラトナ] 名 ラトナ《名前》
- ☐ namaste [ナマステイ] 間 こんにちは《ヒンディー語》
- ☐ radish [ラディシュ] 名 ハツカダイコン
- ☐ fox [ファクス] 名 キツネ
- ☐ classmate [クラスメイト] 名 クラスメイト, 同級生

確認しよう (p. 64〜66)

- ☐ our [アウア] 代 私たちの, われわれの
- ☐ new [ニュー] 形 新しい;目新しい, 見慣れない
- ☐ friend [フレンド] 名 友人, 友だち
- ☐ this [ズィス] 代 これは〔が〕, この人は〔が〕
- ☐ that [ザト] 代 それは〔が〕, あれは〔が〕
- ☐ hello [ヘロウ] 名 (「やあ」「こんにちは」などの)あいさつ
- ☐ name [ネイム] 名 名前
- ☐ bag [バグ] 名 袋, かばん, バッグ

Listen

ディヌーが写真を見せながら，インドの有名なものについて説明しています。
①～④の説明に合う写真を選び，（　）に番号を書こう。

Ⓐ（　　）

Ⓑ（　　）

Ⓒ（　　）

Ⓓ（　　）

Speak

写真や絵を見せながら，日本のものを説明しよう。

㊎ This is a *sensu*. It is a Japanese fan.
（これは扇子です。それは日本の扇です。）
We usually use it on hot days.（私たちは，たいていそれを暑い日に使います。）

Write

海外の人に向けて，日本の文化や伝統を紹介(しょうかい)するウェブサイトに投稿(こう)しよう。

Step 1　紹介したいものを選んでメモに書き出そう。

①抹茶（まっちゃ）　②富士山　③その他

解答例

紹介するもの	富士山
それは何か	日本にある山
その他の情報	とても高い

Step 2　□に絵をかいて，日本のものを紹介する記事を書こう。

解答例

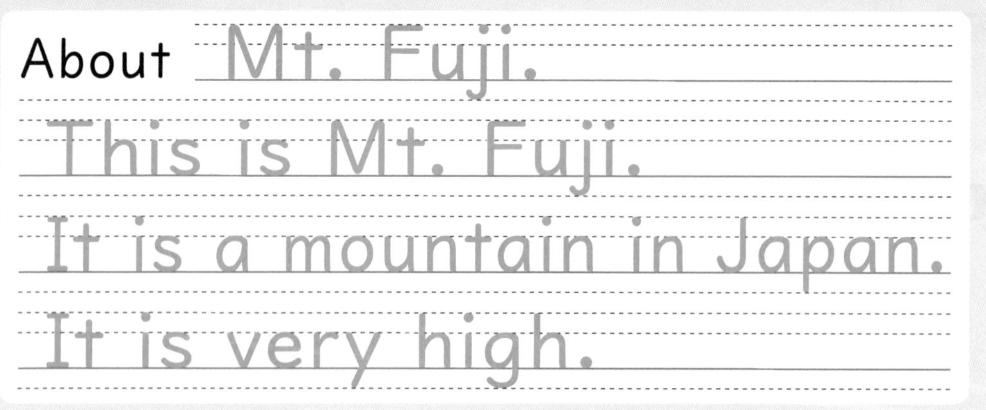

（富士山について。これは富士山です。それは日本にある山です。それはとても高いです。）

Word Bank

bitter 苦い　taste 味　mountain 山
high 高い　climb 登る

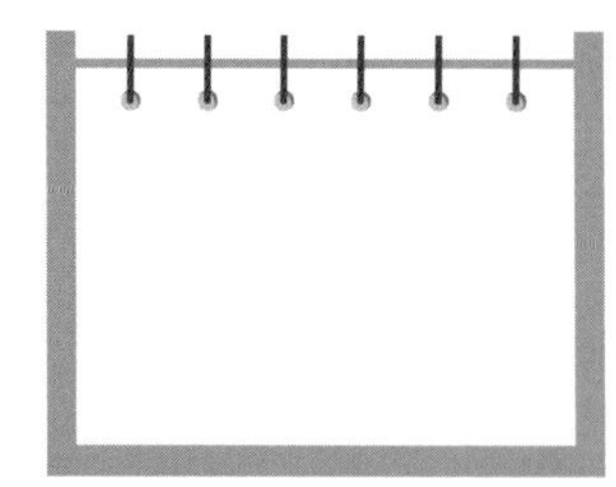

語句を確かめよう (p. 68)

☐ fan [ファン] 名 扇

確認しよう (p. 68)

☐ usually [ユージュアリ] 副 たいてい，いつも(は)，ふつう

☐ on [アン] 前 〔期日〕…(日)に

☐ hot [ハト] 形 熱い；暑い

語句を確かめよう (p. 68)

☐ taste [テイスト] 名 味；味覚

英語の音声を確認しよう。

❶～❻の単語の下線部の音が，game と同じ場合は○を，map と同じ場合は△を(　)に書こう。

❶ table	❷ cap	❸ bag	❹ April	❺ name	❻ apple
(テーブル)	(帽子)	(かばん)	(4月)	(名前)	(リンゴ)
(　　)	(　　)	(　　)	(　　)	(　　)	(　　)

英語の書き方を確認しよう。

たて線の長さに注意して，アルファベットの小文字を正しく書こう。

○ 良い書き方の例　× 悪い書き方の例　書いてみよう

h n　h

b p　b p

a d q　a q

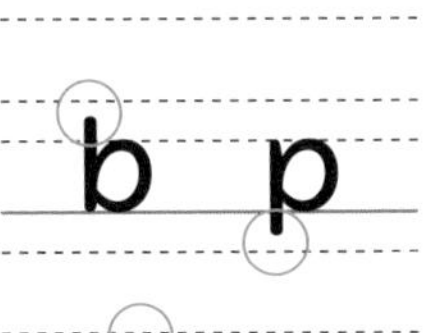

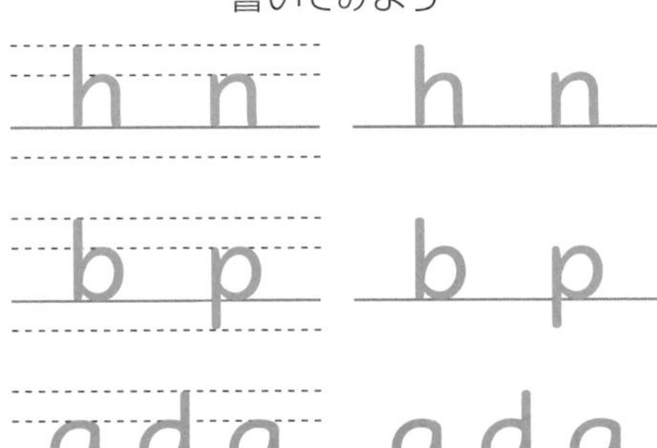

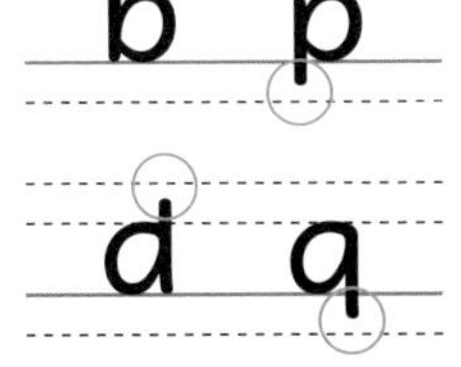

Part 2 ① Our New Friend

● わかば中学校の多目的室には，わかば市の情報がたくさんあります。

聞いてみよう わかば市のポスターやパンフレットを見ながら，ディヌー，花，ジンが話しています。どんなことを話しているか聞いてみよう。

Check

見ているポスターに○をしよう。

Hana and Dinu（花とディヌー）

□ 

□ 

Jing and Dinu（ジンとディヌー）

□ 

□ 

● ポイントを整理して，練習しよう。

POINT 聞いたり，話したり，読んだりした英文について考えよう。

英文を音声に続けて言ってみよう。

❶

① **Is** this Wakaba Shrine?	① これはわかば神社ですか。
② Yes, **it is**.	② はい，そうです。
③ No, **it is not**.	③ いいえ，ちがいます。

---

❷

④ **What** is this? 〔what is → what's〕	④ これは何ですか。
⑤ It is a library.	⑤ それは図書館です。

声を出して読んでみよう ♪

Read タブレットPCを持って校外学習に出かけたディヌーが，学校のウェブ掲示板で，ケイトとメッセージをやり取りしています。

> I'm at .... は「私は…にいます。」という意味。

Dinu

❶ I'm at Wakaba Shrine.

❷ What's this?

> ❷で What's this?（これは何ですか。）と聞かれているので，具体的に「それは絵馬です。」と答えている。

Kate

❸ It's an *ema*. ❹ People write their wishes on one side.（on one side：片面に）

> Is it ...?（それは…ですか。）の問いに対して，「いいえ，ちがいます。」と答えている。

Dinu

❺ That's interesting.

❻ Is it a souvenir?

> leave their *ema* は「彼らの絵馬を残す」。

Kate

❼ No, it isn't. ❽ People leave their *ema* at the shrine.

> I see. は「わかりました，なるほど」というあいづちの表現。

Dinu

❾ I see.

ここがポイント！

❷ What's this?

- What's this? は「これは何ですか。」という意味です。what's は what is の短縮形です。

❻ Is it a souvenir?

- Is it ...? は「それは…ですか。」という意味の疑問文です。a souvenir は「お土産」なので，「それはお土産ですか。」となります。it（それは）は❸の an *ema*（絵馬）を指しています。

本文の意味をつかもう

ディヌー：❶わかば神社にいるんだ。❷これは何？
ケイト　：❸絵馬よ。❹人々は，願い事を片面に書くの。
ディヌー：❺おもしろいね。❻それはおみやげなの？
ケイト　：❼違うよ。❽絵馬は神社に残すの。
ディヌー：❾なるほど。

Q&A ディヌーは絵馬がどんなものか知っていましたか。 解答 いいえ，知りませんでした。

教科書 55～57ページ

Part 2 ❶,❷ Our New Friend

Drill **POINT**の文を練習しよう。 

1 Listen / 2 Repeat / 3 Say

Ⓐ 
a library
（図書館）

Ⓑ 
a hospital
（病院）

Ⓒ 
a post office
（郵便局）

Ⓓ 
a police station
（警察署）

Ⓔ 
a museum
（博物館）

Ⓕ 
a restaurant
（レストラン）

Ⓖ 
a fire station
（消防署）

Ⓗ 
a hotel
（ホテル）

〈Repeatする英文〉

Ⓐ Is this a library?（これは図書館ですか。）
Ⓑ Is this a hospital?（これは病院ですか。）
Ⓒ Is this a post office?（これは郵便局ですか。）
Ⓓ Is this a police station?（これは警察署ですか。）
Ⓔ Is that a museum?（あれは博物館ですか。）
Ⓕ Is that a restaurant?（あれはレストランですか。）
Ⓖ Is that a fire station?（あれは消防署ですか。）
Ⓗ Is that a hotel?（あれはホテルですか。）

Ⓐ What is this? It is a library.（これは何ですか。それは図書館です。）
Ⓑ What is this? It is a hospital.（これは何ですか。それは病院です。）
Ⓒ What is this? It is a post office.（これは何ですか。それは郵便局です。）
Ⓓ What is this? It is a police station.（これは何ですか。それは警察署です。）
Ⓔ What is that? It is a museum.（あれは何ですか。それは博物館です。）
Ⓕ What is that? It is a restaurant.（あれは何ですか。それはレストランです。）
Ⓖ What is that? It is a fire station.（あれは何ですか。それは消防署です。）
Ⓗ What is that? It is a hotel.（あれは何ですか。それはホテルです。）

● This [That] is …. の疑問文と応答文（POINT の❶〜❸）

- 「これ〔あれ〕は…ですか」とたずねるときは，〈Is this [that] …?〉で表します。
- 答えるときは，主語を it にかえて〈Yes, it is.〉または〈No, it is not.〉と答えます。

くらべてみよう

This is Wakaba Shrine.（これはわかば神社です。）
Is this Wakaba Shrine?（これはわかば神社ですか。）

● What is this [that]? の文（POINT の❹〜❺）

- 「これ〔あれ〕は何ですか」とたずねるときは，〈What is this [that]?〉で表す。
- 答えるときは，〈It is ….〉「それは…です」と具体的にものの名前などを答える。

くらべてみよう

Is this Wakaba Shrine?（これはわかば神社ですか。）
What is this?（これは何ですか。）

語句を確かめよう（p. 71）

- 重要 ☑ people [ピープル] 名 人々
- 重要 ☑ their [ゼア] 代 彼（女）らの
- 重要 ☑ wish(es) [ウィシュ（ィズ）] 名 願い
- 重要 ☑ side [サイド] 名 面
- ☑ souvenir [スーヴェニア] 名 みやげ物
- ☑ *I see.* なるほど

語句を確かめよう（p. 72）

- ☑ hotel [ホウテル] 名 ホテル

確認しよう（p. 71〜72）

- ☑ interesting [インタレスティング] 形 おもしろい，興味深い
- ☑ hospital [ハスピトル] 名 病院
- ☑ restaurant [レストラント] 名 レストラン《ハンバーガー店から高級レストランまでさまざまな規模のものについて言う》
- ☑ fire [ファイア] 名 火，火事
- ☑ fire station [ファイア　ステイション] 名 消防署

Listen

文字の博物館をおとずれたディヌー，ジン，ケイト，花が文字を見ながら話しています。①～③の会話に合う写真を選び，(　)に番号を書こう。♪

Ⓐ (　　　)

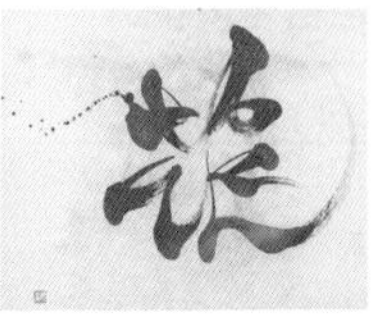
Ⓑ (　　　)

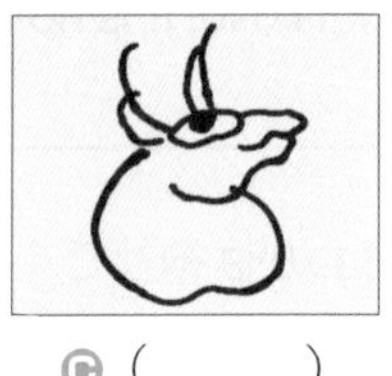
Ⓒ (　　　)

Talk

町にあるものについて，写真や絵を見せながらクイズを出し合おう。

例 *A:* What's this? Can you guess?（これは何ですか。あなたはわかりますか。）
B: Is this in the sea?（これは海の中ですか。）
A: Yes, it is. People put letters in it.
（そうです。人々はその中に手紙を入れます。）
B: Is this a postbox?（これは郵便ポストですか。）
A: Yes. It's a postbox on the sea floor.
（はい。それは海底の郵便ポストです。）

Write

日本に興味がある海外の人に向けて，あなたの町の What's this? クイズを作って，写真と一緒にウェブサイトに投稿しよう。

Step 1 クイズにするものについてメモに書き出そう。

解答例

クイズの答え	太陽の塔
ヒント1	It's tall.（それは高い。）
ヒント2	It has two wings.（それは2つの翼があります。）
ヒント3	It's a memorial statue of 1970 Expo.（それは1970年の万国博覧会の記念の像です。）

Step 2 □に絵をかいて，あなたの作ったクイズを投稿しよう。

解答例

Word Bank

castle 城　temple 寺　park 公園　famous 有名な
popular 人気のある　crowded 混んでいる

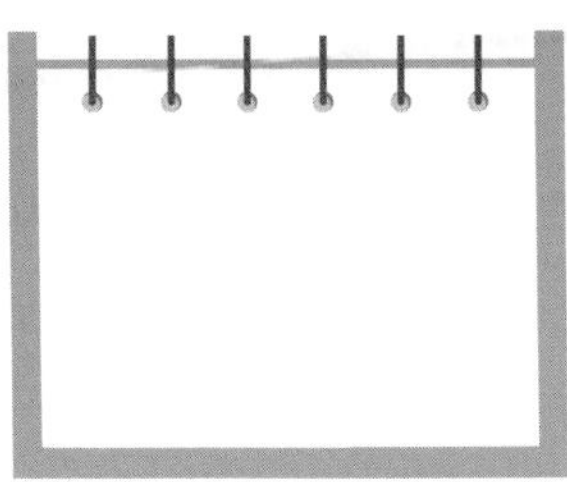

語句を確かめよう (p. 74)

- 重要 ☐ guess [ゲス] 動 推測する
- 重要 ☐ letter(s) [レタ(ズ)] 名 (ふつう封筒に入った)手紙
- 重要 ☐ floor [フロー] 名 床
- ☐ postbox [ポウストバクス] 名 郵便ポスト

確認しよう (p. 74)

- ☐ put [プト] 動 〔ある場所に〕置く，つける

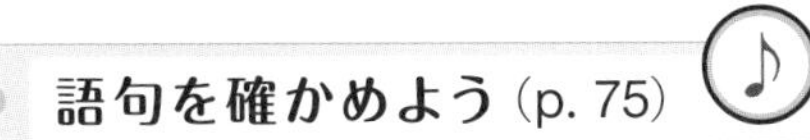

語句を確かめよう (p. 75)

- ☐ popular [パピュラ] 形 人気のある，流行の
- ☐ crowded [クラウデド] 形 混んでいる

確認しよう (p. 75)

- ☐ famous [フェイマス] 形 有名な

英語の書き方を確認しよう。

くっつけたり，はなしたりする部分に注意して，アルファベットの小文字を正しく書こう。

○ 良い書き方の例	× 悪い書き方の例	書いてみよう	
a u	a	a u	a u
c o	o	c o	c o

英語の音声を確認しよう。

(1) ❶❷各組の単語を読み，下線部の発音がほかの２つと異なる単語に○をしよう。

❶ me 私に〔を〕　desk (机)　egg (卵)

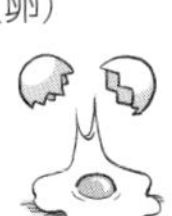

❷ five (５(の))　six (６(の))　nine (９(の))

(2) 上で○をした単語は，ほかの２つとどのようにちがうか話し合おう。

教科書 58〜59ページ

Part 3 ❶ Our New Friend

● インターネットでわかば市を紹介(しょうかい)するウェブサイトを見つけました。

聞いてみよう わかば市を紹介するウェブサイトを見ながら，花，ジン，ディヌーが話しています。どんなことを話しているか聞いてみよう。

見ている写真に○をしよう。

Hana and Dinu（花とディヌー）　　Jing and Dinu（ジンとディヌー）

□  □  □  □ 

● ポイントを整理して，練習しよう。

POINT 聞いたり，話したり，読んだりした英文について考えよう。

英文を音声に続けて言ってみよう。

❶ This is Wakaba-kun.（ズィス イズ） ❶ こちらはわかば君です。

❷ I like **him**.（アイ ライク ヒム） ❷ 私は彼が好きです。

---

❸ **Who** is this woman?（フー ウマン）〔who is → who's〕 ❸ この女性はだれですか。

❹ She is Makiko.（シー）〔she is → she's〕 ❹ 彼女は真紀子(まきこ)です。

声を出して読んでみよう ♪

Read わかば市に住んでいる大島希巳江さんが，海外の新聞に紹介されました。

This is .... は「こちらは…です。」という意味。

She is .... は「彼女は…です。」という意味。She は❷の Ms. Oshima を指している。

She can .... は「彼女は…することができます。」という意味。in English は「英語で」。

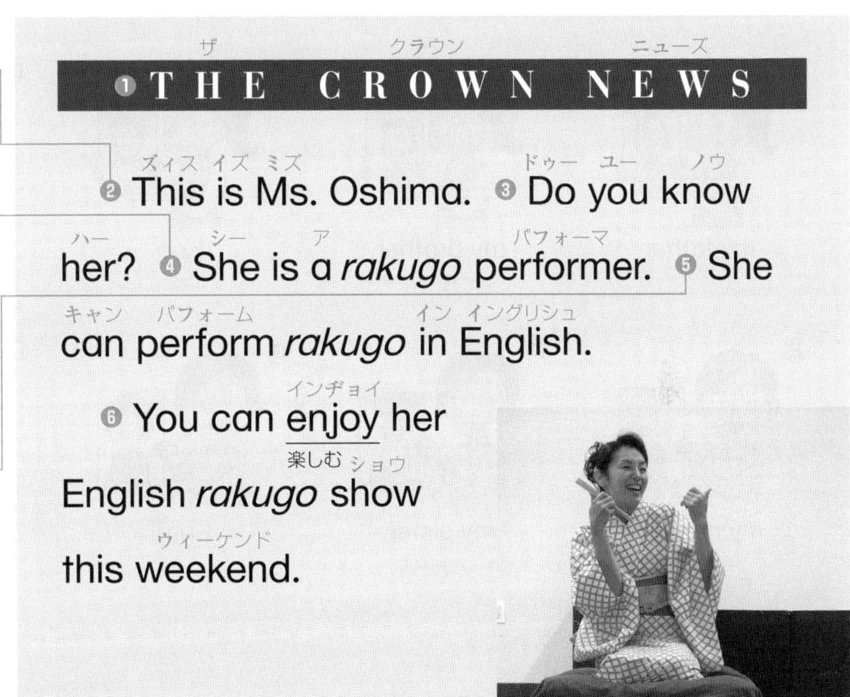

❶THE CROWN NEWS

❷ This is Ms. Oshima. ❸ Do you know her? ❹ She is a *rakugo* performer. ❺ She can perform *rakugo* in English.

❻ You can enjoy her English *rakugo* show this weekend.

ここがポイント！

❸ Do you know her?

- Do you know …?は「あなたは…を知っていますか。」という意味です。**her**は「彼女を〔に〕」という代名詞で，❷のMs. Oshima（大島さん）を指しています。

❻ You can enjoy her English *rakugo* show this weekend.

- You can enjoy ....は「あなたは…を楽しむことができます。」という意味です。ここのherは「彼女の」という意味で，her English *rakugo* showで「彼女の英語落語ショー」となります。

本文の意味をつかもう

❶ザ・クラウン・ニュース
❷こちらは大島さんです。❸彼女を知っていますか。❹落語家です。❺英語で落語を演じることができます。
❻今週末には，彼女の英語落語ショーを楽しむことができます。

Q&A

大島希巳江さんの落語公演はいつですか。 解答 今週末

教科書 59〜61ページ

Part 3 ❶,❷ Our New Friend

 POINTの文を練習しよう。 

1 Listen / 2 Repeat / 3 Say

Ⓐ 
my father
(私の父)

Ⓑ 
my brother
(私の兄〔弟〕)

Ⓒ 
Ken
(健)

Ⓓ 
Mr. Ikeda
(池田さん)

Ⓔ 
my mother
(私の母)

Ⓕ 
my sister
(私の姉〔妹〕)

Ⓖ 
Kumi
(久美)

Ⓗ 
Ms. Smith
(スミスさん)

〈Repeatする英文〉

Ⓐ This is my father. I like him. (こちらは私の父です。私は彼が好きです。)
Ⓑ This is my brother. I like him. (こちらは私の兄〔弟〕です。私は彼が好きです。)
Ⓒ This is Ken. I like him. (こちらは健です。私は彼が好きです。)
Ⓓ This is Mr. Ikeda. I like him. (こちらは池田さんです。私は彼が好きです。)
Ⓔ This is my mother. I like her. (こちらは私の母です。私は彼女が好きです。)
Ⓕ This is my sister. I like her. (こちらは私の姉〔妹〕です。私は彼女が好きです。)
Ⓖ This is Kumi. I like her. (こちらは久美です。私は彼女が好きです。)
Ⓗ This is Ms. Smith. I like her. (こちらはスミスさんです。私は彼女が好きです。)

Ⓐ Who is this man? He is my father. (こちらの男性はだれですか。彼は私の父です。)
Ⓑ Who is this man? He is my brother. (こちらの男性はだれですか。彼は私の兄〔弟〕です。)
Ⓒ Who is this man? He is Ken. (こちらの男性はだれですか。彼は健です。)
Ⓓ Who is this man? He is Mr. Ikeda. (こちらの男性はだれですか。彼は池田さんです。)
Ⓔ Who is this woman? She is my mother. (こちらの女性はだれですか。彼女は私の母です。)
Ⓕ Who is this woman? She is my sister. (こちらの女性はだれですか。彼女は私の姉〔妹〕です。)
Ⓖ Who is this woman? She is Kumi. (こちらの女性はだれですか。彼女は久美です。)
Ⓗ Who is this woman? She is Ms. Smith. (こちらの女性はだれですか。彼女はスミスさんです。)

●「彼を〔に〕」「彼女を〔に〕」と説明する文（POINT の❷）

・「彼を〔に〕」は him，「彼女を〔に〕」は her で表します。
・「私」「あなた」「彼〔彼女〕」などを表す代名詞は，文の中での働きによって形がかわります。

くらべてみよう

He can run fast. （彼は速く走ることができます。）
I like **him**. （私は彼が好きです。）

● Who is ...? の文（POINT の❸～❹）

・「…はだれですか」とたずねるときは，〈Who is ...?〉で表す。
・答えるときは，〈He is ....〉「彼は…です」，〈She is ....〉「彼女は…です」と，名前や自分との関係などを答える。
・短縮形　who is → who's
　he is → he's
　she is → she's

くらべてみよう

What is this? — It is a library. （これは何ですか。－それは図書館です。）
Who is this woman? — She is Makiko.
（この女性はだれですか。－彼女は真紀子（まきこ）です。）

語句を確かめよう（p. 76～78）

重要 ☐ him［ヒム］代 彼を，彼に《heの目的格》
重要 ☐ woman［ウマン］名（おとなの）女性
重要 ☐ women［ウィメン］名 womanの複数形
重要 ☐ her［ハー］代 彼女を，彼女の
☐ performer［パフォーマ］名 上演者
☐ perform［パフォーム］動 演じる
重要 ☐ weekend［ウィーケンド］名 週末
☐ Smith［スミス］名 スミス《姓》

確認しよう（p. 76, 78）

☐ who［フー］代 だれ〔が〕
☐ father［ファーザ］
名 父《家庭内では固有名詞のように使い，a, the, my, ourなどをつけない。dad, daddyに比べて少し改まった言い方》
☐ brother［ブラザ］名 兄，弟，（男の）兄弟
☐ mother［マザ］名 母，母親
☐ sister［スィスタ］
名 姉，妹，女のきょうだい

Listen FMラジオで「世界の有名なキャラクタークイズ」が放送されています。①～④の説明に合うキャラクターを選び，(　)に番号を書こう。

Ⓐ (　　)

Ⓑ (　　)

Ⓒ (　　)

Ⓓ (　　)

Speak 有名人やキャラクターについて，写真や絵を見せながら説明しよう。

㊀ This is Unagappa. Do you know him?（こちらはウナガッパです。あなたは彼を知っていますか。）
He is the mascot of Tajimi City, Gifu.（彼は岐阜の多治見市のマスコットです。）
He is orange, pink, blue, green, or yellow.（彼はオレンジ，ピンク，青，緑，または黄色です。）
His favorite music is classical.（彼の大好きな音楽はクラシックです。）

Write あなたの好きな有名人の紹介文を書いて，ALT の先生に紹介しよう。

Step 1 好きな有名人についてメモに書き出そう。

紹介する人	
職業	
好きなところ	

解答例

紹介する人	Kagawa Shinji
職業	soccer player
好きなところ	cool

語句を確かめよう (p. 80)

☐ mascot [マスカト] 名 (チーム・組織などの) マスコット

重要 ☐ or [オー] 接 または，あるいは，それとも

確認しよう (p. 80)

☐ orange [オーレンヂ] 名 形 オレンジ色 (の)

☐ green [グリーン] 形 緑色の

☐ blue [ブルー] 形 青い；青ざめた

語句を確かめよう (p. 81)

☐ entertainer [エンターテイナ] 名 芸能人

☐ cheerful [チアフル] 形 元気のいい

確認しよう (p. 81)

☐ funny [ファニ] 形 こっけいな，おかしい

Step 2 □ に似顔絵をかいて，好きな有名人を紹介しよう。

解答例

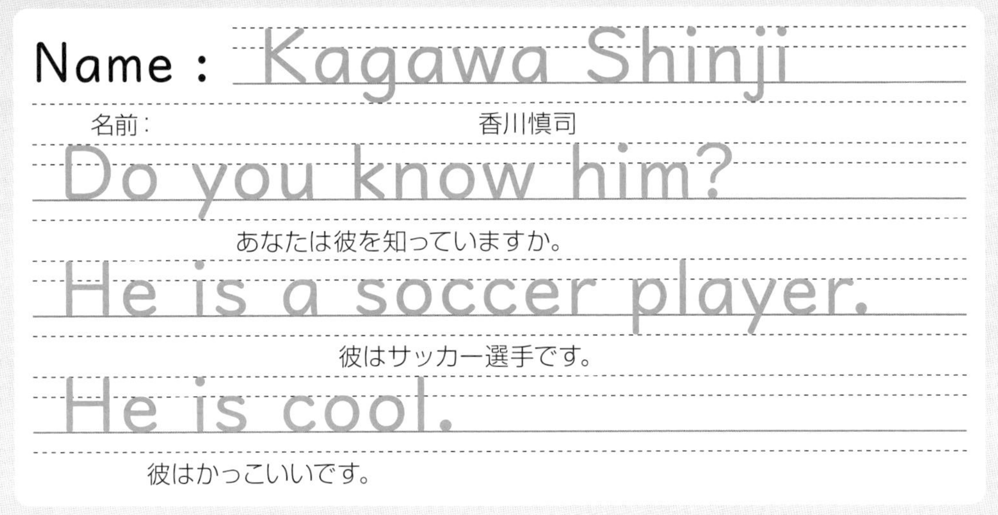

Word Bank

entertainer 芸能人　soccer player サッカー選手
cool かっこいい　funny おもしろい　cheerful 元気のいい

英語の音声を確認しよう。

下線部の発音が同じ単語を線で結ぼう。

英語の書き方を確認しよう。

第3線より下の部分に注意して，アルファベットの小文字を正しく書こう。

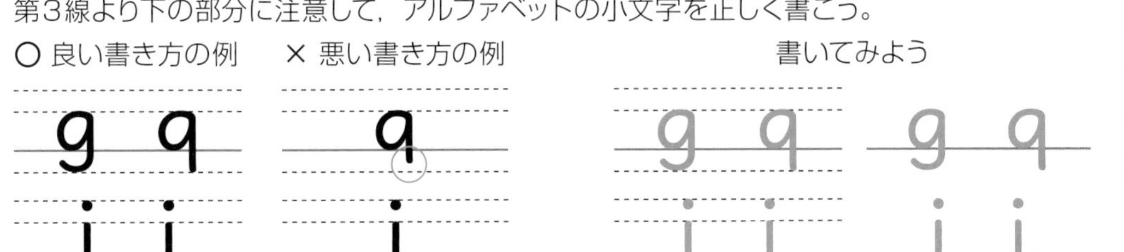

Take Action!  商品の説明

聞き手が必要な情報を聞き取る

バンクーバーに到着(とう)した夏海は，学校に通うための自転車を買うことにしました。さっそく自転車ショップを訪(おとず)れると，セールの情報が聞こえてきました。

Expressions

ten dollars　10ドル
key chain　キーホルダー
for free　無料で
color　色
red　赤
green　緑
blue　青
black　黒

STAGE 1　Get Ready

1. 商品の説明を聞くとき，あなたはどんなことを知りたいですか。
2. 右のExpressionsを参考に，商品の説明で使われる表現を確認(にん)しよう。

STAGE 2　Listen 

1st Listening　商品の説明を聞いて，3つの自転車の特徴(ちょう)をメモにまとめよう。

	X-Ride	HAPPY-5	O-Zebra
色			
値段			
特典			

2nd Listening　聞き取れなかった部分に注意しながら，もう一度聞いてみよう。

3rd Listening　巻末の**Audio Scripts**を見ながら音声を確認しよう。（スクリプトはp.221）

STAGE 3　Think & Act

あなたは，どの自転車を買いたいですか。それはなぜですか。

解答例　略

BONUS STAGE 

別の商品の説明を聞いてみよう。（スクリプトはp.223）

語句を確かめよう (p. 82) 

重要 ☐ dollar(s)［ダラ(ズ)］
名 ドル《米国・カナダ・オーストラリア・シンガポールなどの貨幣単位》

重要 ☐ key［キー］名 鍵
☐ chain［チェイン］名 くさり
重要 ☐ free［フリー］形 無料の

確認しよう (p. 82)

☐ color［カラ］名 色，色彩
☐ red［レド］名 形 赤(の)
☐ black［ブラク］名 形 黒(の)

Take Action! Talk 1 ねえ，聞いて！

会話を始める　あいづちを打つ

Skit 通学途中，ジンのかばんについている小さな人形が気になった陸は，ジンに話しかけました。

Riku

Jing

❶ Guess what!（ゲス　(ホ)ワト）
❷ I have the same key chain.（アイ ハヴ　ザ　セイム　キー　チェイン）
❸ Really?（リーアリ）
❹ I like the character on it.（ライク　キャラクタ　イト）
❺ Me, too.（ミー　トゥー）
❻ It's my favorite character.（イツ　マイ　フェイヴァリト　キャラクタ）

陸　：❶ちょっと聞いて！❷（私はあなたと）同じキーホルダーを持っているよ。
ジン：❸ほんとう？
陸　：❹それについているキャラクターが好きなんだ。
ジン：❺私も。❻これは私の大好きなキャラクターよ。

Expressions

会話を始める
Guess what!（ちょっと聞いて!）
You know what?（ねえ知ってる?）
Listen.（聞いて。）

あいづちを打つ
Really?（ほんと?）
Me, too.（私も。）
That's nice.（すてきだね。）
That's great.（すばらしいね。）

Work in Pairs

1. 上のスキットをペアで演じてみよう。
2. A・Bの役割を決め，持ち物について話そう。
   A：Bに話しかけ，相手の持ち物でいいなと思う物について話そう。
   B：Aの話にあいづちを打って，おどろいたり同意したりしよう。

解答例 A: You know what? I like your pencil case.（ちょっと聞いて！　あなたの筆箱が好きなの。）
B: Thank you. It's my favorite.（ありがとう。ぼくのお気に入りなんだ。）
A: The design is really cool. I have a bag from the same brand.
（デザインもほんとうにかっこいいわね。同じブランドのかばんを持っているわ。）
B: Really? I have one, too.（ほんとう？ぼくも持っているよ。）

語句を確かめよう (p. 83)

- 重要 ☐ same [セイム] 形 同じ，同一の；よく似た
- 重要 ☐ really [リーアリ] 副〔間投詞的に使って〕ほんと，へえー《相手のことばに対してあいづちを打つときに使い，軽い驚き・疑い・興味などを表す》
- 重要 ☐ too [トゥー] 副 (…も)また
- 重要 ☐ listen [リスン] 動 聞く，耳を傾ける

 確認しよう (p. 83)

- ☐ nice [ナイス] 形 すてきな，すばらしい
- ☐ great [グレイト] 形 すてきな，すばらしい

文法のまとめ ❸

教科書 64 ページ

● be動詞(is)，命令文などを確認しよう。

① be動詞 is

◆Iやyou以外の人やもの(単数)について，「～は…です」と言うときは，〈主語＋be動詞(is) ....〉で表します。

		主語	be動詞	
肯定文		This	**is**	a dress. (これはドレスです。)
		She	**is**	a teacher. (彼女は先生です。)
疑問文 応答文	**Is** be動詞を主語の前に置く	this		a dress? (これはドレスですか。) — Yes, **it is.** / No, **it is not.** be動詞を使って答える　短縮形はisn't (はい，そうです。/いいえ，ちがいます。)
疑問文 応答文	**Is**	she		a teacher? (彼女は先生ですか。) — Yes, she **is.** / No, she **is not.** (はい，そうです。/いいえ，ちがいます。)
否定文		This	**is not** be動詞の後ろにnot	a dress. (これはドレスではありません。)
		She	**is not**	a teacher. (彼女は先生ではありません。)

Drill 1　日本語の意味に合うように，(　　)内の語を並べかえて正しい英文を作りましょう。

1. これは私のかばんです。(is / bag / this / my).
2. 彼はサッカー選手ではありません。(soccer player / is / he / a / not).

② 命令文

◆「…しなさい」と相手に指示をするときは動詞で文を始めます。「…してはいけません」というときは，Don'tで文を始め，そのあとに動詞を続けます。

Play the guitar.（ギターをひきなさい。）
動詞で文を始める

Don't play the guitar.（ギターをひいてはいけません。）
Don'tで文を始める

③ Let's ....

◆「…しましょう」と相手を誘うときは，let'sで文を始めます。

Let's take a picture.（写真をとりましょう。）
Let'sで文を始める

Drill 2 日本語の意味に合うように，(　　)に適する語を入れましょう。

1. (　　) fast. (速く走りなさい。)
2. (　　) (　　) the tree. (その木に登ってはいけません。)
3. (　　) (　　) cookies. (クッキーを焼きましょう。)

④ What is ...?の文

◆「…は何ですか。」とたずねるときは，〈What＋be動詞＋主語?〉で表します。

What is this? (これは何ですか。) － It is a station. (それは駅です。)
短縮形はWhat's

英語のしくみ

いろいろな疑問文①

What ...?

「…は何ですか。」とたずねるとき

What is this? — It is a library.
短縮形はWhat's
(これは何ですか。— それは図書館です。)

「あなたは何を…しますか。」とたずねるとき

What do you have in your hand?
— I have a book.
(あなたは手に何を持っていますか。
— 1冊の本を持っています。)

「あなたはどんな…を～ですか。」とたずねるとき

What food **do you** like? — I like rice balls.
「どんな…」とたずねるときは，what＋名詞
(あなたはどんな食べ物が好きですか。
— 私はおにぎりが好きです)。

How ...?

数をたずねるときは，<How many＋名詞の複数形 ... ?>で表します。

How many butterflies do you see?
— I see six butterflies.
(あなたは何匹のチョウが見えますか。
— 6匹見えます。)

●その他の例

How much ...?　いくら
How long ...?　どのくらいの長さ
How far ...?　どのくらいの遠さ
How often ...?　どのくらいの頻度(ひんど)

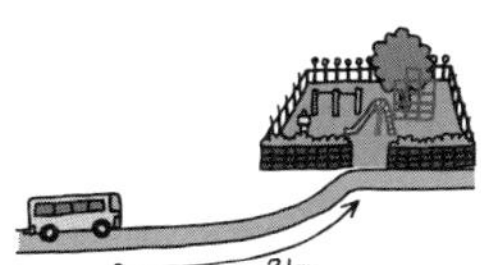

some / any　「いくつかの［いくらかの］」と，数量をはっきり示さないときはsomeやanyを使います。

I see **some** butterflies. (チョウが(何匹か)見えます。)
Do you know **any** Japanese songs?
(日本の歌を(何曲か)知っていますか。) 「いくつか［いくらか］」とたずねるとき
I don't know **any** Japanese songs.
(日本の歌は1曲も知りません。) 否定文の中で「少しも(…ない)」「1つも(…ない)」というとき

Drill 3 日本語の意味に合うように，(　　)に適する語を入れましょう。

1. (　　) that? (あれは何ですか。)
2. (　　) (　　) you have in your bag? (あなたはかばんに何を持っていますか。)
3. (　　) (　　) books do you have? (あなたは何冊の本を持っていますか。)

Reading for Information 1 文具店のチラシ

ケイト, 陸, 花, ディヌーにプレゼントをあげることになりました。予算は25ドルです。チラシを読んで, 誰に何をプレゼントしたらよいか考えよう。

① **Kate** • いろいろな色のペンを集めるのが好き • 写真を撮るのが趣味 • 好きな色は緑	② **Riku** • 英単語は書いて覚える • 消しゴムをよくなくす • 好きな色は赤
③ **Hana** • お気に入りの筆箱を3年使っている • サッカーの練習日記をつけている • 好きな色は青	④ **Dinu** • ペンにはこだわりがある • ときどきインドの友だちに手紙を送る • 好きな色はオレンジ

解答例 ① Kate: 緑のマーカーペンとクリップ
ペン集めが好きで緑色が好きだから, 緑色のマーカーペン1本(4ドル), 写真をまとめておく緑色のクリップ(2ドル)

② Riku: ノート, 消しゴム, えんぴつ
英単語を書いて覚えるノート(1ドル)とえんぴつ(2ドル), 消しゴムをよくなくすから, 3個買えば4個目が無料になる消しゴム(1ドル×3＝3ドル)

③ Hana: 筆箱
3年間使ってきてそろそろ古くなってきた筆箱(7ドル)

④ Dinu: カード
インドの友だちに手紙を送るためのカードを2枚(3ドル×2＝6ドル)

以上でケイトが6ドル, 陸が6ドル, 花が7ドル, ディヌーが6ドル, 合計25ドルとなる。

 (p. 86)

sale 特売　get ready 準備をする　upcoming 来るべき　term 学期　off 割り引きして　decorative tape 装飾用のテープ　clip クリップ　album アルバム　with a membership 会員資格を持っている

理想のロボットを発表しよう

世界中の中学生が参加する「理想のロボットコンテスト」が行われることになりました。あなたの理想のロボットを考えて，コンテストで発表しよう。

Check 設定を確認しよう。

(どこで) 「理想のロボットコンテスト」で

(何について)

(何をする)

1. Listen 花とディヌーの発表を聞こう。 

ロボットの名前：

できること：

ロボットの名前：

できること：

2. Think & Talk 理想のロボットを考えよう。

(1) 花のメモを参考に，あなたの理想のロボットができることやロボットの特徴（ちょう）を書き出そう。

花のメモ

できること・特徴：

・ペットの代わりになるようなロボット
　→イヌ型
・おしゃべりすることができる
　→いろいろな言語に対応
・いろいろな芸を覚える
・本物のイヌのような動きをする
　→外を散歩することができる
　→走りまわることができる

あなたのメモ

できること・特徴：

解答例
1. 介護士の代わりになるようなロボット→人型
2. おしゃべりをすることができる→感情を理解し言葉で対応することができる
3. 介護をすることができる→食事やトイレ，入浴の介助

(2) (1)で書き出した内容について，ペアで話そう。

例 *A:* What can your robot do?（あなたのロボットは何ができますか。）

B: My robot can speak many languages.（私のロボットは多くの言語を話すことができます。）

How about your robot?（あなたのロボットはどうですか。）

A: My robot can cook well.（私のロボットは料理を上手にすることができます。）

3. Read 花が書いた発表原稿（こう）を読もう。

（始めのことば） **Opening** ●（　　）	This is my dream robot, Pochi Friend. （これは私の理想のロボットのポチ・フレンドです。）
（内容） **Body** ●（　　）	It can run like a real dog. It can do many tricks. （それ〔これ〕は，本当のイヌのように走ることができます。 それ〔これ〕は，たくさんの芸をすることができます。） It can also speak many languages. （それ〔これ〕は，多くの言語を話すこともできます。）
（終わりのことば） **Closing** ●（　　）	You can be friends with it. （あなたはそれ〔これ〕と友だちでいることができます。）

● Opening, Body, Closing に書かれていることをⒶ～Ⓒから選ぼう。

Ⓐまとめ　Ⓑロボットができること　Ⓒロボットの紹介（しょうかい）

解答例　Opening (Ⓒ), Body (Ⓑ), Closing (Ⓐ)

4. Write 理想のロボットの名前を考えて，発表原稿を書こう。

Opening	
Body	
Closing	

解答例

Opening （始めのことば）	This is my dream robot, Audrey One. （これは私の理想のロボット，オードリー・ワンです。）
Body （内容）	She[It] can help old people. She[It] can watch them. She[It] can clean the room. She[It] can cook dishes for them. （彼女〔それ〕はお年寄りの人々を助けることができます。彼女〔それ〕は高齢者を見守ることができます。彼女〔それ〕は部屋をきれいにすることができます。彼女〔それ〕は高齢者〔彼ら〕に料理を作ることができます。）
Closing （終わりのことば）	She[It] can be a good friend with old people[them]. （彼女〔それ〕はお年寄り〔彼ら〕とよい友だちでいることができます。）

5. Speak 理想のロボットを絵にかいて発表しよう。

解答例（略）

Idea Box

【できること】

carry heavy things 重いものを運ぶ　clean the room 部屋をそうじする
fly in the sky 空を飛ぶ　jump high 高くとぶ　move quickly すばやく動く
play with babies 赤ちゃんと遊ぶ　wake you up in the morning 朝あなたを起こす

【形など】

big 大きい　cool かっこいい　cute かわいい　friendly 気さくな
small 小さい　special 特別な　strong 強い　weak 弱い

語句を確かめよう（p. 87～88）

- ☐ robot［ロウバト］名 ロボット
- 重要 ☐ like［ライク］前 …のように，…のような
- 重要 ☐ real［リーアル］形 本当の；実質の
- 重要 ☐ also［オールソウ］副 …もまた；さらに；そのうえ
- 重要 ☐ language(s)［ラングウィヂ（ズ）］名 言語；（ある国・民族の）ことば，国語
- 重要 ☐ be［ビー］動（…で）ある，（…に）なる
- 重要 ☐ with［ウィズ］前〔相手・対応〕…と，…に（対して）
- ☐ *be friends with ...* …と友達である

確認しよう（p. 88）

- ☐ dream［ドリーム］名（実現したいと思っている）夢，希望，理想

定期テスト対策 1 （Lesson1~3）

合計 /100

1 次の英語は日本語に，日本語は英語になおしなさい。 （2点×6）

(1) song ＿＿＿＿　(2) live ＿＿＿＿　(3) write ＿＿＿＿

(4) ここで ＿＿＿＿　(5) 山 ＿＿＿＿　(6) 台所 ＿＿＿＿

2 日本語に合うように，＿＿に適切な語を書きなさい。 （3点×5）

(1) 私は速く走ることができます。

I ＿＿＿＿ run fast.

(2) あなたは音楽が好きです。

You ＿＿＿＿ music.

(3) 私は彼を知りません。

I don't ＿＿＿＿ ＿＿＿＿.

(4) こちらは咲(さき)です。

＿＿＿＿ is Saki.

(5) あなたは柔道の練習をしますか。― はい，します。

＿＿＿＿ you ＿＿＿＿ judo? ― Yes, I do.

3 次の対話が成り立つように，＿＿に適切な語を書きなさい。 （4点×4）

(1) ＿＿＿＿ Lucy play the piano? ― No, she can't.

(2) ＿＿＿＿ you in the tennis club? ― Yes, I am.

(3) ＿＿＿＿ is this? ― It is a school.

(4) ＿＿＿＿ is that boy? ― He is Daiki.

4 日本語に合うように，(　　) 内の語 (句) や符号を並べかえなさい。ただし，文頭にくる語は大文字で始めること。 (5点×4)

(1) 私の父は英語を話せません。(English / my father / speak / can't / .)

(2) トムは上手に歌を歌うことができます。(well / Tom / sing / can / songs / .)

(3) あれは私のギターです。(my / is / guitar / that / .)

(4) あなたはコーヒーを飲めますか。(drink / can / coffee / you / ?)

5 次は大島希巳江さんについての新聞記事です。これを読んで，あとの問いに答えなさい。 (計17点)

The CROWN NEWS

①This is Ms. Oshima. Do you know (②)? She is a *rakugo* performer. She can perform *rakugo* in English.

③You (her / can / enjoy) English *rakugo* show this weekend.

(1) 下線部①を日本語にしなさい。 (6点)

(2) (②) に入れるのに適切なものを次から選び，記号を○でかこみなさい。 (4点)

ア he　　イ she　　ウ him　　エ her

(3) 下線部③の (　　) 内の語を，正しい英文になるように並べかえなさい。 (7点)

You ______________________ English *rakugo* show this weekend.

6 次の(1)，(2)について，あなた自身のことを紹介する英文を書きなさい。 (10点×2)

(1) 自分の出身地

(2) 自分が上手にできること

GET Part 1 My Family, My Hometown

● ３人称単数現在形の表し方を覚えよう。

声を出して読んでみよう ♪

theseはthisの複数形で，「これらのもの〔人〕」の意味。近くの複数の人やものを指す。

everyは「すべての」という意味で，あとに単数形の名詞が続く。

thatの複数形。「それらは〔が〕，あれらは〔が〕」という意味の代名詞。

●ブラウン先生が陸たちに家族の写真を見せています。

❶ These are my parents. ❷ They are from Scotland. ❸ They live in London now. ❹ My father drives a taxi. ❺ He knows every street there. ❻ My mother likes art（美術）. ❼ She teaches it at home（家で）. ❽ Those are her students.

teach「教える」の３人称単数現在形は語尾にesをつける。

● 「(自分や相手以外の人・ものが)…します」（３人称単数現在形の肯定文）

I play tennis. (私はテニスをします。)

Miki plays tennis. (美紀はテニスをします。)

- 自分（たち）のこと（I，we）を**１人称**，相手のこと（you）を**２人称**といい，それ以外の人やものを**３人称**といいます。
- 主語が３人称単数（he，she，Mikiなど）の文では，一般動詞（be動詞以外の動詞）にsやesをつけます。この形を**３人称単数現在形**といいます。

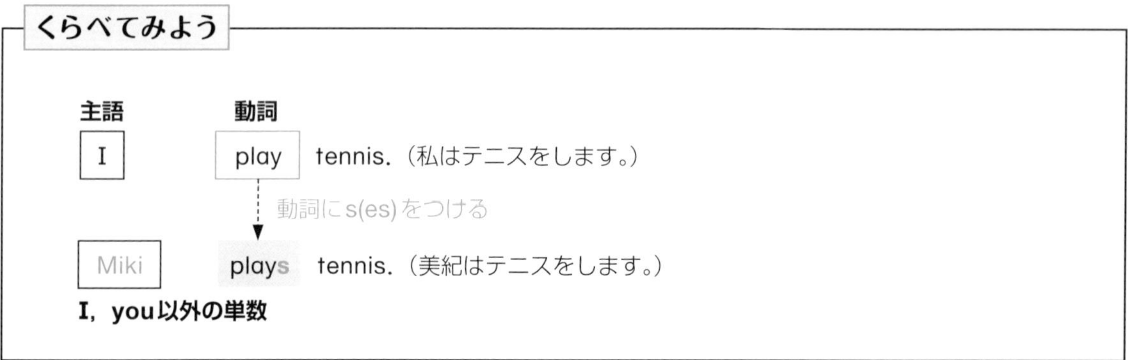

- 主語が３人称でも複数のとき（theyなど）は，動詞にsやesをつけません。
- s［es］のつけ方

sをつける	likes plays uses など
esをつける	teaches goes など
yをiにかえてesをつける	studies など
不規則に変化	have → has

ここがポイント！

❹ My father drives a taxi.

- 主語がmy fatherで３人称単数なので，動詞driveにsがついています。
- driveはsをつけて，drivesとします。

❼ She teaches it at home.

- 主語がsheで３人称単数なので，動詞teachにesがついています。
- teachはesをつけて，teachesとします。

本文の意味をつかもう

❶これらは私の両親です。❷彼らはスコットランド出身です。❸今は，彼らはロンドンに住んでいます。❹私の父はタクシーを運転しています。❺彼はそこのすべての通りを知っています。❻私の母は美術が好きです。❼彼女はそれを家で教えています。❽それらは彼女の生徒です。

Q&A

Where are Ms. Brown's parents from?（ブラウン先生の両親はどこの出身ですか。）

解答例 They are from Scotland.（彼らはスコットランド出身です。）

Listen ♪

ブラウン先生が，飼いネコのベティ(Betty)，リリー(Lilly)，サリー(Sally)について話しています。それぞれのネコにあてはまるものを，A～Hから２つずつ選ぼう。

① Betty (　　)(　　)　② Lilly (　　)(　　)　③ Sally (　　)(　　)

Ⓐ

Ⓑ
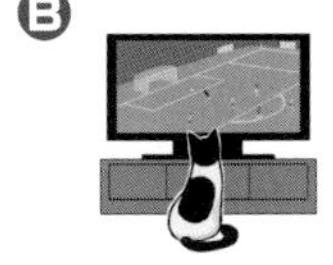

Ⓒ

Ⓓ

Ⓔ

Ⓕ

Ⓖ
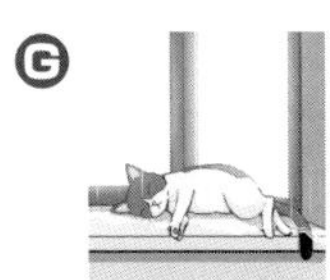

Ⓗ

Talk & Speak & Write

(1) 1日の生活についてペアで話そう。

例 *A* : What time do you get up, Yuki?
（あなたは何時に起きますか，由紀？）

B : I get up at six.　How about you?
（私は6時に起きます。あなたは？）

A : I get up at seven.（私は7時に起きます。）

Word Bank

eat breakfast　朝食を食べる
leave home　家を出る
go to soccer practice　サッカーの練習に行く
take a bath　風呂に入る
go to bed　寝る

解答例 A : What time do you eat breakfast, Ken?
（あなたは何時に朝食を食べますか，健。）
B : I eat breakfast at six.　How about you?（私は6時に朝食を食べます。あなたは？）
A : I eat breakfast at seven.（私は7時に朝食を食べます。）

(2) ペアの相手が話したことを，ほかの人に伝えよう。

例 Yuki gets up at six. She eats breakfast at seven.
（由紀は6時に起きます。彼女は7時に朝食を食べます。）

解答例 Ken gets up at five thirty.　He eats breakfast at six.
（健は5時30分に起きます。彼は6時に朝食を食べます。）

(3) (1)で話したことについて，自分とペアの相手の異なるところを書こう。

例 I get up at seven. Yuki gets up at six.（私は7時に起きます。由紀は6時に起きます。）

解答例 I eat breakfast at seven.　Ken eats breakfast at six.
（私は7時に朝食を食べます。健は6時に朝食を食べます。）

語句を確かめよう (p.92)

重要 ☐ family [ファミリ] 名 家族；家族の者たち
☐ hometown [ホウムタウン] 名 ふるさと，故郷
☐ these [ズィーズ] 代 これらのもの〔人〕《this の複数形》
重要 ☐ parent(s) [ペアレント〔ツ〕] 名 親，〔parents〕両親
重要 ☐ they [ゼイ] 代 彼〔彼女〕らは〔が〕，それらは〔が〕《he(彼は)，she(彼女は)，it(それは)の複数形》
☐ Scotland [スカトランド] 名 スコットランド《英国の北部地方；18 世紀の初めにイングランドと合併；首都エジンバラ》
重要 ☐ drive(s) [ドライヴ(ズ)] 動 (車を)運転する
重要 ☐ there [ゼア] 副 そこに，そこで，そこへ，あそこに〔で，へ〕
重要 ☐ teach(es) [ティーチ(ィズ)] 動 (人に知識・技術・教科などを)教える
☐ those [ゾウズ] 代 それらは〔が〕，あれらは〔が〕《that の複数形》
重要 ☐ student(s) [ステューデント〔ツ〕] 名 生徒，学生

確認しよう (p.92)

☐ street [ストリート] 名 通り，道

語句を確かめよう (p.94)

☐ *What time ...?* 何時
☐ *How about you?* あなたはどうですか。
重要 ☐ does [ダズ] 動 助 do の三人称・単数・現在形
重要 ☐ has [ハズ] 動 have (持っている)の3人称・単数・現在形

確認しよう (p.93〜94)

☐ time [タイム] 名 時刻，時間；…すべき時　　☐ cat [キャト] 名 ネコ

Drill 1 Listen / 2 Repeat / 3 Say

Ⓐ 
like rock music
(ロック音楽が好き)

Ⓑ 
eat breakfast
(朝食を食べる)

Ⓒ 
go to the library
(図書館へ行く)

Ⓓ 
do (does) his homework
(宿題をする)

Ⓔ 
have (has) a cat
(ネコを飼っている)

Ⓕ 
practice the piano
(ピアノを練習する)

Ⓖ 
watch TV
(テレビを見る)

Ⓗ 
study math
(数学を勉強する)

〈Repeat する英文〉

Ⓐ Koji likes rock music. (耕司はロック音楽が好きです。)
Ⓑ Koji eats breakfast. (耕司は朝食を食べます。)
Ⓒ Koji goes to the library. (耕司は図書館へ行きます。)
Ⓓ Koji does his homework. (耕司は宿題をします。)
Ⓔ Amy has a cat. (エイミーはネコを飼っています。)
Ⓕ Amy practices the piano. (エイミーはピアノを練習します。)
Ⓖ Amy watches TV. (エイミーはテレビを見ます。)
Ⓗ Amy studies math. (エイミーは数学を勉強します。)

・扉ページ(教科書p.69)

① What do you see in these pictures? (これらの写真の中に何が見えますか。)
② What do you know about the U.K.? (あなたは英国について何を知っていますか。)

解答例 ① (左) I see a man [musician]. (男性〔音楽家〕が見えます。)
(右) I see a tall tower. (高い塔が見えます。)
② The people drink tea. (人々はお茶を飲みます。)
Everyone likes soccer. (みんなサッカーが好きです。)

GET Part 2 My Family, My Hometown

3人称単数現在形を理解し，使おう。

声を出して読んでみよう ♪

●ブラウン先生が弟を紹介しています。

Ms. Brown : ❶ This is my brother, Peter. ❷ He plays the bagpipes.

Riku : ❸ Bagpipes? ❹ Our music club does not have them.

Ms. Brown : ❺ Bagpipes are a traditional instrument in Scotland.

Riku : ❻ Does he play them at school?

Ms. Brown : ❼ Yes, he does. ❽ He belongs to a college band.

belongs to a：…に所属している

my brotherがあとのPeterを説明して，「私の弟のピーター」という意味になっている。

楽器名の前には必ずtheをつける。

前のthe bagpipesを指している。

Bagpipesは，複数の管(pipes)からなる楽器であるため，be動詞はareを使っている。また，ものとしては1つの楽器であるため，a traditional instrument（1つの伝統的な楽器）と受けている。

POINT ♪

●「(自分や相手以外の人・ものが) …しますか」(3人称単数現在形の疑問文と応答文)

❶ *Miki plays tennis.* (美紀はテニスをします。)

❷ **Does Miki play tennis?** (美紀はテニスをしますか。)

Yes, she does. / No, she does not. (はい，します。/いいえ，しません。)

- 主語が3人称単数のとき，「〜は…しますか」とたずねる文は〈**Does＋主語＋動詞の原形…?**〉で表します。
- 動詞の原形とは，s[es]のつかない，もとの形(辞書の見出し語の形)のことです。
- 答えの文は，does notの短縮形**doesn't**を使うこともできます。

●「(自分や相手以外の人・ものが)…しません」(3人称単数現在形の否定文)

❸ **Miki** does not **play tennis.** (美紀はテニスをしません。)
(ミキ ダズ ナト プレイ テニス)

〔does not → doesn't〕

- 主語が3人称単数のとき,「〜は…しません」と否定する文は〈**主語+does not+動詞の原形 ….**〉で表します。
- does notの短縮形doesn'tを使うこともできます。

ここがポイント!

❹ Our music club does not have them.

- 〈**主語+does not+動詞の原形〜.**〉の形で,3人称単数現在形の否定文です。
- does notの後ろの動詞は,haveと原形にします。

❻ Does he play them at school?

- 〈**Does+主語+動詞の原形〜?**〉の形で,3人称単数現在形の疑問文です。
- 〈**Yes, 主語+does.**〉か〈**No, 主語+does not.**〉で答えます。

● 本文の意味をつかもう

ブラウン先生: ❶こちらが弟のピーターです。❷彼はバグパイプを演奏します。
陸: ❸バグパイプ?❹私たちの音楽部ではそれらを持っていません。
ブラウン先生: ❺バグパイプはスコットランドの伝統的な楽器です。
陸: ❻彼は学校で演奏しますか?
ブラウン先生: ❼はい,演奏します。❽彼は大学のバンドに所属しています。

Q&A

Who is Peter? (ピーターはだれですか。)

解答例 He is Ms. Brown's brother. (彼はブラウン先生の弟です。)
He is a college student. (彼は大学生です。)

Listen ♪

ブラウン先生が,妹のアン(Ann)とジーン(Jean)について話しています。アンとジーンにあてはまる絵を,A〜Dから2つずつ選ぼう。

① Ann (　　) (　　)　② Jean (　　) (　　)

Ⓐ 
Ⓑ 
Ⓒ 
Ⓓ 

Talk & Write

(1) 表を見て，花，陸，ケイト，マークについてペアでたずね合い，あてはまるものに○，あてはまらないものに×を書こう。

㊎ *A :* Does Hana play sports?（花はスポーツをしますか。）

B : Yes, she does. Look at page 42.（はい，します。42 ページを見て。）

解答例

	play sports（スポーツをする）	play an instrument（楽器を演奏する）	dance（踊る）	（　　　）
㊎ Hana	○	×	×	
Riku	×	○	○	
Kate	×	×	×	
Mark	○	×	×	

(2) (1)で話したことを参考に，登場人物の紹介(しょうかい)文を書こう。

㊎ Hana plays sports. She does not play an instrument.
She does not dance.（花はスポーツをします。彼女は楽器を演奏しません。彼女は踊りません。）

解答例 Riku does not play sports. He plays an instrument. He dances.
（陸はスポーツをしません。彼は楽器を演奏します。彼は踊ります。）

Word Bank

like baseball	野球が好き	have a pet	ペットを飼っている
watch movies	映画を見る	play cricket	クリケットをする

語句を確かめよう (p.96) 

- ☐ bagpipes［バグパイプス］
  名 バグパイプ《スコットランドなどでよく使われる民族楽器》
- ☐ traditional［トラディショナル］
  形 伝統的な
- 重要 ☐ them［ゼム］
  代 彼(女)らを〔に〕；それらを〔に〕
- ☐ instrument［インストルメント］名 楽器
- ☐ *at school* 学校で
- ☐ belong(s)［ビローング(ズ)］
  動 …のものである，…に所属している
- ☐ *belong to ...* …に所属している
- 重要 ☐ college［カリヂ］名 大学
- ☐ Peter［ピータ］
  名 ピーター《名前》

語句を確かめよう (p.98～99)

- ☐ *look at ...*　…を見る
- 重要 ☐ page [ペイヂ] 名 ページ
- ☐ pet [ペト] 名 ペット
- ☐ cricket [クリケト] 名 クリケット《スポーツの名前》
- 重要 ☐ shoe(s) [シュー(ズ)] 名 くつ
- 重要 ☐ early [アーリ] 副 (時間的・時期的に) 早く；早めに

確認しよう (p.98～99)

- ☐ look [ルク] 動 (注意してよく) 見る；視線を向ける
- ☐ want [ワント] 動 (…が) ほしい，望む
- ☐ walk [ウォーク] 動 (犬などを) 散歩させる

Drill　1 Listen / 2 Repeat / 3 Say

Ⓐ

like rock music
(ロック音楽が好き)

Ⓑ

want new shoes
(新しいくつがほしい)

Ⓒ

live
(住んでいる)

Ⓓ

swim
(泳ぐ)

Ⓔ

get up early
(早起きする)

Ⓕ

walk her dog
(イヌの散歩をする)

Ⓖ

read a newspaper
(新聞を読む)

Ⓗ

drink coffee
(コーヒーを飲む)

〈Repeat する英文〉

Ⓐ Does Tom like rock music? (トムはロック音楽が好きですか。)
Ⓑ Does Tom want new shoes? (トムは新しいくつがほしいですか。)
Ⓒ Does Tom live in Wakaba City? (トムはわかば市に住んでいますか。)
Ⓓ Does Tom swim in the pool? (トムはプールで泳ぎますか。)
Ⓔ Does Miki get up early? (美紀は早く起きますか。)
Ⓕ Does Miki walk her dog? (美紀はイヌを散歩させますか。)
Ⓖ Does Miki read a newspaper? (美紀は新聞を読みますか。)
Ⓗ Does Miki drink coffee? (美紀はコーヒーを飲みますか。)

Ⓐ Tom does not like rock music. (トムはロック音楽が好きではありません。)
Ⓑ Tom does not want new shoes. (トムは新しいくつがほしくはありません。)
Ⓒ Tom does not live in Wakaba City. (トムはわかば市に住んでいません。)
Ⓓ Tom does not swim in the pool. (トムはプールで泳ぎません。)
Ⓔ Miki does not get up early. (美紀は早く起きません。)
Ⓕ Miki does not walk her dog. (美紀はイヌを散歩させません。)
Ⓖ Miki does not read a newspaper. (美紀は新聞を読みません。)
Ⓗ Miki does not drink coffee. (美紀はコーヒーを飲みません。)

SETTING ブラウン先生がイギリスの２つの都市について書いた紹介記事が，学校新聞に掲載されています。

声を出して読んでみよう ♪

❶ My Favorite Places

① ❷ London has many famous places. ❸ My favorite place is this tall clock tower. ❹ It holds four small bells and one big bell, Big Ben. ❺ The bells play a short melody every hour. ❻ You hear it at school every day.

famous：有名な　favorite：お気に入りの　holds：…を所有する　every hour：1時間ごとに

> ３人称単数現在形の肯定文。

> this や that などの形容詞とほかの形容詞を並べて使うときは，this[that]を前に置く。

> one big bell があとの Big Ben を説明して，「１つの大きなベルである『ビッグベン』」→「『ビッグベン』という１つの大きなベル」という意味になっている。

② ❼ Edinburgh holds many famous festivals in the summer. ❽ One festival has traditional music concerts. ❾ Performers wear kilts and play the bagpipes.

festivals：お祭り　One：ある　concerts：コンサート　wear：着ている

③ ❿ At another festival, you can enjoy new art. ⓫ Some street performers do magic tricks. ⓬ Others dress up as statues. ⓭ Edinburgh is a great place.

do magic tricks：手品をする

> ❽oneと対比して，「もう一つの…」という意味。

> 「なかには…な人もいる」という意味。

> ⓫Someと対比して，「(一方で) …な人もいる」という意味。

> 「…として」という意味を表す前置詞。

STAGE 1 Get Ready 記事を読む前に確認しよう。

(1) １０３ページをみて，イギリスの地図を確認しよう。
(2) イギリスについて知っていることを話そう。

解答例 (1)(2)
・首都はロンドン。
・スコットランド，イングランド，ウェールズの３地方と，北アイルランドがある。

STAGE 2 Read 記事の概要をとらえよう。

Guide 1

都市の名前を□で囲もう。

解答例 London Edinburgh

Guide 2

(1) それぞれの都市について，ブラウン先生が紹介しているものを (a) ～ (d) から選ぼう。
１つめの都市：＿＿＿＿＿
２つめの都市：＿＿＿＿＿
(a) 祭り (b) 食べもの (c) 名所 (d) 工芸品
(2) 有名なものの詳細を説明している部分に下線を引こう。

解答例
(1) １つめの都市：(c) (❸) ２つめの都市：(a) (❼)
(2) ❹ It holds four small bells and one big bell, Big Ben.
(それには４つの小さなベルと「ビッグベン」という１つの大きなベルがあります。)
❺ The bells play a short melody every hour.（ベルは短いメロディーを毎正時に奏でます。）
❽ One festival has traditional music concerts.（あるお祭りには伝統的な音楽会があります。）
❾ Performers wear kilts and play the bagpipes.（演奏者はキルトを着てバグパイプを演奏します。）
❿ At another festival, you can enjoy new art.
(別のお祭りでは，新しい芸術を楽しむことができます。)
⓫ Some street performers do magic tricks.（奇術をする大道芸人たちがいます。）
⓬ Others dress up as statues.（像のふんそうをする大道芸人たちもいます。）

Goal 記事の概要を表にまとめよう。

解答

都市名	特徴
London (ロンドン)	- It has many famous places.（多くの有名な場所があります。） - Ms. Brown's favorite place is the tall clock tower.（ブラウン先生の大好きな場所は高い時計塔です。）
Edinburgh (エジンバラ)	- It has famous festivals in the summer.（夏に有名な祭りがあります。） - One festival has traditional music concerts.（あるお祭りでは伝統的な音楽会があります。） - At another festival, you can enjoy new art.（別の祭りでは，新しい芸術を楽しむことができます。）

STAGE 3 Think & Write

ブラウン先生へ質問したいことを書こう。

例 Where is your favorite place in Edinburgh?（エジンバラであなたの大好きな場所はどこですか。）

解答例 How high[tall] is the clock tower?（時計塔の高さはどのくらいですか。）

本文の意味をつかもう

❶私の好きな場所

①❷ロンドンには多くの有名な場所があります。❸私の好きな場所は，この高い時計塔です。❹それには4つの小さなベル（鐘）と「ビッグベン」という1つの大きなベル（鐘）があります。❺ベルは短いメロディーを毎正時に奏でます。❻毎日，学校で聞くことができます。

②❼エジンバラは夏にたくさんの有名なお祭りを開催します。❽あるお祭りには伝統的な音楽会があります。❾演奏者はキルトを着てバグパイプを演奏します。

③❿別のお祭りでは，新しい芸術を楽しむことができます。⓫奇術をする大道芸人たちがいます。⓬像のふんそうをする大道芸人たちもいます。⓭エジンバラはすばらしいところです。

Tips for Reading

- 代名詞などの言いかえの語句が具体的に何を指すのかおさえよう。
- 文章全体の構成を考えながら読んでみよう。

☑ Check

●次の語句は何を指していますか。 this（❸），The bells（❺），it（❻）

解答

this（❸）：tall clock tower（❸）（高い時計塔）

The bells（❺）：four small bells and one big bell, Big Ben（❹）

（4つの小さなベルと「ビッグベン」という1つの大きなベル）

it（❻）：a short melody（❺）（短いメロディー）

語句を確かめよう (p.100) 

重要 ☐ place(s) [プレイス(ィズ)] 名 場所
☐ tower [タウア] 名 塔
重要 ☐ hold(s) [ホウルド〔ヅ〕] 動 持っている
☐ bell(s) [ベル(ズ)] 名 鐘
☐ melody [メロディ] 名 メロディー
重要 ☐ hour [アウア] 名 1時間
重要 ☐ hear [ヒア] 動 聞こえる
☐ Big Ben [ビグ ベン] 名 ビッグベン
重要 ☐ wear [ウェア] 動 身につけている
重要 ☐ another [アナザ] 形 別の
☐ *some ... other(s) ~* …もいれば，～もいる
☐ magic [マヂク] 形 奇術の
重要 ☐ other(s) [アザ(ズ)] 代 ほかの人
重要 ☐ as [アズ] 前 のように
☐ statue(s) [スタチュー(ズ)] 名 像
☐ Edinburgh [エドンバーラ] 名 エジンバラ《地名》
☐ kilt(s) [キルト〔ツ〕] 名 キルト

確認しよう (p.100)

☐ tall [トール] 形 背が高い，(細長く)高い
☐ clock [クラク] 名 時計《置き時計・掛け時計・柱時計をいう。携帯用はwatch》
☐ small [スモール] 形 小さい；(面積が)狭い
☐ big [ビグ] 形 大きい；重要な
☐ short [ショート] 形 短い
☐ summer [サマ] 名 夏

教科書 76ページ

English Camp の申込書を記入しよう

わかば国際会館で行われる秋の English Camp に参加することになりました。
英語の書き方やつづりに注意しながら，English Camp の申込書に正確に記入しよう。

1. Read 花が書いた申込書を読んでみよう。

English Camp Application Form

Name: Tanaka Hana

School Name: Wakaba Junior High School

Birthday: February 22　Age: 12

Languages: Japanese, English

Your English Level : Low 1 (2) 3 4 High

Your Favorites

Sports: soccer　Food: *takoyaki*　Books: *Peter Rabbit*

Music: J-pop　Animals: dogs　Subjects: English

イングリッシュキャンプ申込書

名前：田中　花

学校名：わかば中学校

誕生日：2月22日　年齢：12才

言語：日本語，英語

英語レベル：低い・1・②・3・4・高い

好きなこと・もの

スポーツ：サッカー　食べ物：たこ焼き　本：ピーターラビット

音楽：Jポップ　動物：イヌ　教科：英語

2. Write あなた自身のことを申込書に記入しよう。

English Camp Application Form

Name: ____________________

School Name: ____________________

Birthday: ____________ Age: ____________

Languages: ____________________

Your English Level : Low 1 2 3 4 High

Your Favorites

Sports: ________ Food: ________ Books: ________

Music: ________ Animals: ________ Subjects: ________

解答例

English Camp Application Form

イングリッシュキャンプ申込書

Name : David First 名前：デイビッド・ファースト
School Name : Sakura Middle School 学校名：さくら中学校
Birthday : December 2 誕生日：12月2日
Age : 13 年齢：13才
Languages : English, Spanish, Japanese 言語：英語，スペイン語，日本語
Your English Level : 4 英語レベル：低い・1・2・3・④・高い

Your Favorites **大好きなこと・もの**

Sports : baseball Food : hamburgers Books : science fiction (stories)
スポーツ：野球 食べ物：ハンバーガー 本：SF（物語）
Music : rock music Animals : dogs Subjects : math and science
音楽：ロック音楽 動物：イヌ 教科：数学と理科

● **語句を確かめよう**（p.104～105）

重要 ☐ age [エイヂ]
名（人間・動物・物の）年齢

重要 ☐ level [レヴェル]
名（能力・地位などの）水準

重要 ☐ low [ロウ]
形（賃金・点数・温度・速度などが）低い

☐ Peter Rabbit [ピータ ラビト]
名 ピーターラビット《作品》

確認しよう（p.104）

☐ birthday [バースデイ] 名 誕生日，《形容詞的》誕生日の
☐ book(s) [ブク(ス)] 名 本，書物

サイコロトークをしよう

English Campで，サイコロを使って人物紹介(しょうかい)をすることになりました。
ルールにしたがって人物を紹介しよう。

Rules サイコロトーク

(1) 発表する人は，サイコロをふって人物を 1 人選ぼう。
(2) テーマを考え，選んだ人物について 30 秒話そう。
(3) 発表が終わったら，聞き手は 1 つ質問しよう。
(4) 役割を入れ替(か)えてやってみよう。

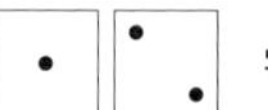 学校の先生やクラスメイトなど

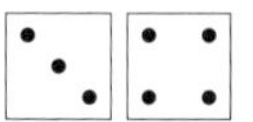 家族や近所の人など

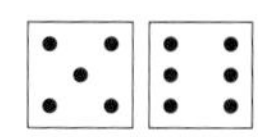 有名人など

1. Listen 陸とジンの発表を聞こう。 

サイコロ		人物
2	→	丘先生

My homeroom teacher, Mr. Oka, likes hip-hop dance. He goes to dance lessons. He can dance very well.

サイコロ		人物
3	→	近所の山田さん

Ms. Yamada is my neighbor. She has a dog. She walks the dog every morning and evening.

私の担任の丘先生はヒップホップダンスが好きです。
彼はダンスレッスンに通っています。
彼はダンスがとても上手です。

山田さんは私の隣人です。
彼女はイヌを飼っています。
彼女は，毎朝，毎夕，イヌを散歩に連れて行きます。

2. Talk in Pairs ルールにしたがって，ペアで人物を紹介しよう。

解答例

サイコロの目5：有名人など

A: My favorite sports team is Giants. It is a professional baseball team. It has many players. They can play baseball very well.
B: Who do you like the best?
A: I like Sakamoto Hayato [Sugano Tomoyuki / Okamoto Kazuma] the best.

A：私の大好きなスポーツチームはジャイアンツです。それはプロ野球のチームです。それには多くの選手がいます。彼らはとても上手に野球をすることができます。
B：あなたはだれが一番好きですか。
A：私は坂本隼人〔菅野智之／岡本和真〕が一番好きです。

サイコロの目４：家族や近所の人

A: Yumiko is my sister. She is seventeen years old. She goes to high school. She likes music very much. She can play the piano well.

B: Does she play sports?

A: Yes, she does. She plays soccer on weekends.

A：ユミコは私の姉です。彼女は17歳です。彼女は高校に通っています。彼女は音楽が大好きです。彼女は上手にピアノをひくことができます。

B：彼女はスポーツをしますか。

A：はい，します。彼女は週末にサッカーをします。

サイコロの目１：学校の先生やクラスメイトなど

A: My math teacher is Mr. Kato. He goes jogging every day. He rides a bicycle every Sunday. He likes sports.

B: Can he play baseball?

A: Yes, he can.

B: Can he play basketball?

A: Yes, he can.

B: Does he play golf?

A: No, he doesn't.

A：私の数学の先生は加藤先生です。彼は毎日ジョギングに行きます。彼は毎週日曜日に自転車に乗ります。彼はスポーツが好きです。

B：彼は野球をすることができますか。

A：はい，できます。

B：彼はバスケットボールをすることができますか。

A：はい，できます。

B：彼はゴルフをしますか。

A：いいえ，しません。

Idea Box

【人物】

math teacher 数学の先生　principal 校長　coach コーチ　teammate チームメイト
sister 姉，妹　brother 兄，弟　soccer player サッカー選手　singer 歌手

【すること】

go to high school 高校に通う　study biology in university 大学で生物学を研究する
work in a car factory 自動車工場で働いている　ride a bicycle 自転車に乗る
go jogging ジョギングに行く　make delicious cakes おいしいケーキを作る
every Sunday 毎週日曜日に　on weekdays 平日に　on weekends 週末に

語句を確かめよう（p.106） 

☐ homeroom［ホウムルーム］ 名 (各クラスの) ホームルーム

☐ neighbor［ネイバ］ 名 近所の人

重要 ☐ evening［イーヴニング］ 名 夕方，晩

確認しよう（p.106）

☐ morning［モーニング］ 名 朝；午前

Take Action!  競技会場のアナウンス

話し手が伝えたいことを聞き取る

夏海は，マットが出場するフィギュアスケートの大会を見に行くことになりました。会場に着くと，観客に向けた注意事項のアナウンスが流れてきました。

Expressions

Here is a reminder.
お知らせがあります。
talk on the mobile phone
携帯電話で話す
during the performances
演技中に
at any time　いつでも
in your seat　席で

STAGE 1 Get Ready

1. スポーツの競技会場では，どんなアナウンスが流れると思いますか。
2. 右のExpressionsを参考に，アナウンスで使われる表現を確認しよう。

STAGE 2 Listen 

1st Listening

アナウンスを聞いて，会場でしてもよいことに○，してはいけないことに×をつけよう。

(　　)

(　　)

(　　)

(　　)

2nd Listening　聞き取れなかった部分に注意しながら，もう一度聞いてみよう。

3rd Listening　巻末の**Audio Scripts**を見ながら音声を確認しよう。（スクリプトはp.221）

STAGE 3 Think & Act

競技前や競技中に，観客が守らなければならないルールを整理しよう。

解答例

Be quiet.（静かにする。）
Do not leave your seat.（席を離れない。）

BONUS STAGE 

別のスポーツの競技会場で流れるアナウンスを聞いてみよう。（スクリプトはp.223～224）

語句を確かめよう (p.108) 

- ☐ reminder [リマインダ] 名 思い出させるもの，通知
- 重要 ☐ talk [トーク] 動 話す，しゃべる，話をする
- 重要 ☐ mobile [モウビル] 形 移動可能な
- 重要 ☐ phone [フォウン] 名 電話（機）
- ☐ mobile phone [モウビル フォウン] 名 携帯電話
- 重要 ☐ during [デュアリング] 前 …じゅうずっと
- ☐ performance(s) [パフォーマンス(ィズ)] 名 上演，演奏，演技
- ☐ seat [スィート] 名 席，すわる物〔所〕

Take Action! 

またあとでね

会話を終える　あいづちを打つ

Skit 放課後の予定について，ディヌーと花が話しています。

Dinu

Hana

(ホ)ワト　アー　ユア　プランズ　トゥデイ
❶ What are your plans today?

相手に予定をたずねるときの言い方。What is your plan?としてもよい。

アイ　ハヴ　サカ　プラクティス
❷ I have soccer practice.

リーアリ　タイム　ダズ　イト スタート
❸ Really? ❹ What time does it start?

スターツ　アト　トゥー　オクラク
❺ It starts at two o'clock.

スィー　ルク　ザ
❻ I see. ❼ Hana, look at the time.

オウ　ノウ　トーク トゥー　レイタ
❽ Oh no! ❾ Talk to you later.

ディヌー：❶今日の予定は何？
花　　　：❷サッカーの練習があるよ。
ディヌー：❸へえー。❹それは何時に始まるの？
花　　　：❺2時に始まるよ。
ディヌー：❻そうなんだ。❼花，時間を見て。
花　　　：❽まさか！　❾またあとでね。

Expressions

会話を終える
Talk to you later.（あとで話すね。）
I have to go.（行かなくちゃ。）
Time to go.（行く時間です。）

あいづちを打つ
Really?（ほんとう?）
Uh-huh.（うんうん。）
I see.（わかりました。）

Work in Pairs

1. 上のスキットをペアで演じてみよう。
2. A・Bの役割を決め，今日の放課後の予定について話そう。
　A：Bの質問に答え，適切なタイミングで自然に話を終えよう。
　A：Bの今日の放課後の予定をたずね，あいづちを打っておどろいたり同意したりしよう。

解答例
B: What are your plans after school today?（今日の放課後の予定は何？）
A: I have table tennis practice.（卓球の練習があるよ。）
B: Oh, do you? What time does it end?（ああ，そうなんだ。それは何時に終わるの？）
A: At six.（6時だよ。）
B: My soccer practice will end at six, too. Let's go home together then.
（ぼくのサッカーの練習も6時に終わるんだ。それならいっしょに家に帰ろう。）
A: I see.（わかった。）

語句を確かめよう (p.109) 

- 重要 ☐ plan(s) [プラン(ズ)] 名 予定
- 重要 ☐ today [トゥデイ] 名 副 きょう(は)
- 重要 ☐ start [スタート] 動 始める；始まる
- 重要 ☐ o'clock [オクラク] 副 …時
- ☐ oh [オウ] 間 おお，ああ，まあ！，あら！《喜び，怒り，驚き，願いなどの感情を表す》
- ☐ *Oh no!* ああ！ まさか！
- 重要 ☐ later [レイタ] 副 あとで，のちほど
- ☐ uh-huh [アハ] 間 うんうん，なるほど

GET Plus 3 どちらがほしいですか

Dialog わかば神社の縁日(えんにち)にやってきた陸とジンが，屋台の前で話しています。

「どちらが…ですか」とたずねるときは，which を文頭に置きます。

陸　：かき氷がほしいな。
ジン：いちごかレモン，どちらがほしい？
陸　：レモンがほしいな。

Exercise 1 ジンになったつもりで，花とディヌーに，どちらの食べものがほしいか，たずねよう。

❶

❷

解答例 Jing: Which do you want, beef or chicken?
（あなたは牛肉ととり肉のどちらがほしいですか。）
Hana: I want chicken.
（私はとり肉がほしいです。）

解答例 Jing: Which do you want, an apple or an orange?
（あなたはリンゴとオレンジのどちらがほしいですか。）
Dinu: I want an apple.
（私はリンゴがほしいです。）

Exercise 2 Dialog を参考にペアで会話しよう。➡ Word Bank p.111

次の□から１つ選んで，ほしい食べものを言ったり，どちらがほしいかたずねたりしよう。

chocolate（チョコレート）	curry and rice（カレーライス）	steak（ステーキ）
甘い／苦い	まろやかな／辛い	レア／よく焼いた

解答例 ▶ chocolate
A: Which do you want, a sweet chocolate or a bitter chocolate?
（あなたは甘いチョコレートと苦いチョコレートのどちらがほしいですか。）
B: I want a sweet chocolate.（私は甘いチョコレートがほしいです。）

Write 上でどちらがほしいかたずねた文を書こう。 解答例（略）

Try ペアで，自分や相手がほしいものについて自由に話そう。

解答例（略）

Word Bank 食べものや飲みものに関することば

sweet
（甘い）

bitter
（苦い）

mild
（まろやかな）

hot
（辛い）

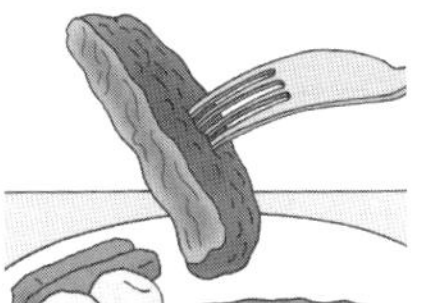
rare
（生焼けの）

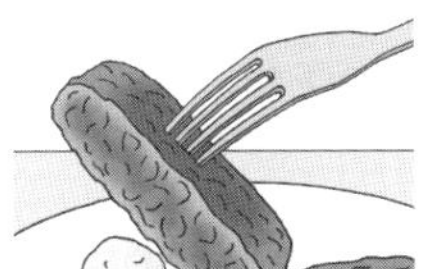
well-done
（よく焼けた）

weak
（薄い）

strong
（強い）

salty
（塩気のある）

juicy
（水分たっぷりの）

soft
（やわらかい）

hard
（かたい）

crisp
（ぱりぱりした）

fresh
（新鮮な）

sticky
（ねばねばする）

creamy
（クリームのような）

語句を確かめよう (p.110) 

- ☐ shaved ice [シェイヴド アイス] 名 かき氷
- 重要 ☐ which [(ホ)ウィチ] 代 どちらを，どれを

語句を確かめよう (p.111) 

- ☐ mild [マイルド] 形 (味が) まろやかな
- ☐ rare [レア] 形 (肉が) 生焼けの，レアの
- ☐ weak [ウィーク] 形 (液体などが) 薄い
- ☐ juicy [ヂュースィ] 形 水分がたっぷりの，おいしそうな
- ☐ crisp [クリスプ] 形 (食べ物が) ぱりぱり〔かりかり，さくさく〕した
- ☐ sticky [スティキ] 形 ねばねばする，べとべとする
- ☐ creamy [クリーミ] 形 クリームのような
- ☐ well-done よく焼けた

確認しよう (p.111)

- ☐ strong [ストローング] 形 (味・においなどが) 濃い
- ☐ soft [ソーフト] 形 やわらかい
- ☐ hard [ハード] 形 かたい

文法のまとめ ④

教科書 82 ページ

―● 3人称(しょう)単数現在形を確認しよう。

3人称単数現在形

◆主語がIとyou以外の単数の文のときは，一般動詞にsやesをつけます。

		主語		一般動詞	
肯定文		Miki		**plays** tennis. sをつける	（美紀はテニスをします。）
疑問文 応答文	**Does** 主語の前にDoes	Miki		play tennis? 動詞は原形（もとの形）	（美紀はテニスをしますか。）
				― Yes, she **does**. / No, she **does not**. doesを使って答える　短縮形はdoesn't	（はい，します。/いいえ，しません。）
否定文		Miki	**does not** 動詞の前にdoes not[doesn't]	play tennis. 動詞は原形（もとの形）	（美紀はテニスをしません。）

英語のしくみ

人称 コミュニケーションの基本は話し手・書き手（1人称）と聞き手・読み手（2人称）です。それ以外は，すべて3人称になります。

◆3人称とは，話し手（1人称）・聞き手（2人称）以外の人やもののことで，he，she，itなどの代名詞やfriend（友だち）やteacher（先生）などの名詞，Ken，Mikiといった人名などは，すべて3人称です。

			「…が」「…は」（主語）	「…の」	「…を」「…に」（目的語）	「…のもの」
1人称	単	私	I	my	me	mine
	複	私たち	we	our	us	ours
2人称	単	あなた	you	your	you	yours
	複	あなたたち				
3人称	単	彼	he	his	him	his
		彼女	she	her	her	hers
		それ	it	its	it	—
	複	彼ら，彼女ら，それら	they	their	them	theirs
	単	代名詞以外（Kenなど）	Ken	Ken's	Ken	Ken's
	複	代名詞以外（catsなど）	cats	cats'	cats	cats'

単：単数，複：複数

同じ「彼」でも形がちがうね。
He is my classmate.（彼はクラスメートです。）
His name is Ryota.（彼の名前は良太です。）
Ms. Brown knows him.（ブラウン先生は彼を知っています。）

●くらべてみよう

	肯定文	否定文
1人称	I **like** music.	I **do not[don't]** like music
2人称	You **like** music.	You **do not[don't]** like music.
3人称	My friend **likes** music. Ken **likes** music.	My friend **does not[doesn't]** like music. Ken **does not[doesn't]** like music.

◆主語が3人称で単数のときには，一般動詞にはsやesをつけます。主語が3人称でも複数のときはsやesをつけません。

動詞の3人称単数現在形

①sをつける
play→plays [z]
like→likes [s]

②esをつける
watch→watches [iz]
wash→washes [iz]

③yをiに変えてesをつける
study→studies [z]

④形を変える
have→has

◆主語が3人称単数の場合，疑問文や否定文をつくるときはdoのかわりにdoesを使います。このdoesは，notと結びつくときに短縮形になることがあります。疑問文や否定文では，動詞は原形(もとの形)にします。

短縮形

does not → doesn't

Drill 1　日本語の意味に合うように，(　　)に適する語を入れましょう。

1. Mr. Oka (　　) English. (丘先生は英語を教えています。)
2. My sister (　　) (　　) tennis. (私の妹はテニスをしません。)
3. (　　) he (　　) kendo? (彼は剣道を練習しますか。)

Drill 2　次の下線部の語を別の語にかえて，日本語の意味に合うように文全体を書きかえましょう。

1. I live in Tokyo. (彼は東京に住んでいます。)
2. Do you drink coffee? (健はコーヒーを飲みますか。)
3. They don't watch TV. (私の母はテレビを見ません。)

GET Part 1 School Life in the U.S.A.

● 現在進行形「…しているところです」の表し方を覚えよう。

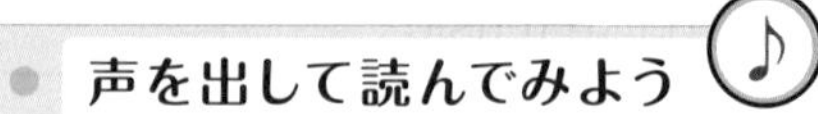

●マークがクラスのみんなに，アメリカの学校生活について話しています。

❶ Students choose their own classes at this school. ❷ Every student has a different schedule. ❸ Look. ❹ This boy is going to his music class. ❺ He is holding a flute case. ❻ This girl is carrying her gym shoes for P.E. class.

own：自分(自身)の　classes：授業　schedule：(学校の)時間割

命令文。英文の下の写真を見るよう指示している。（Look.）

このholdは「(手などでしっかり)持っている」という意味。（holding）

shoe「くつ」は2つで1セットなのでshoesと複数形になっている。（gym shoes）

POINT ♪

●「(今)…しています」(現在進行形の肯定文)

Tom studies math every day.（トムは毎日数学を勉強します。）

Tom is studying math now.（トムは今数学を勉強しています。）

- 「(今)…しています」というときは，〈be動詞＋動詞の-ing形〉で表します。これを**現在進行形**といいます。
- be動詞は主語によって使い分けます。

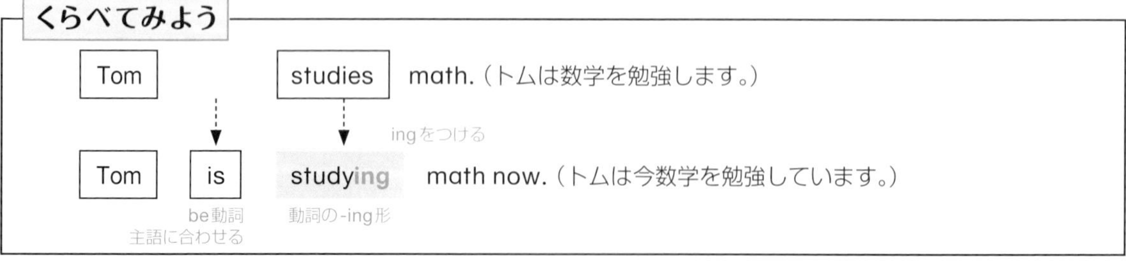

- 動詞の-ing形の作り方

語尾に-ing(ほとんどの動詞)	play → playing，study → studying
語尾のeをとって-ing	use → using，write → writing
語尾の1文字を重ねて-ing	run → running，get → getting

- 〈強く発音する短い母音＋子音字〉で終わる動詞は，**語尾の1文字**を重ねて **-ing** をつけます。

※短い母音とは，のばしたり，「アイ」のように2重にならない母音のことです。

ここがポイント!

❹ This boy **is going** to his music club.

- 〈**be動詞＋動詞の-ing形**〉を使った現在進行形の文です。
- goは，語尾に-ingをつけてgoingとします。

本文の意味をつかもう

❶この学校では，生徒が自分の授業を選びます。❷すべての生徒が異なる時間割を持っています。
❸見てください。❹この男の子は音楽の授業に行くところです。❺彼はフルートのケースを持っています。
❻この女の子は体育館履きを持って体育の授業に行くところです。

Q&A

Do the boy and girl have the same schedule?（男の子と女の子は同じ時間割を持っていますか。）

解答例 No, they don't. They have different schedules.

（いいえ，持っていません。彼らは異なる時間割を持っています。）

マークが，写真を見せながら友だちのジョン（John），エミリー（Emily），ブライアン（Brian）について話しています。A～Jの人物からジョン，エミリー，ブライアンを選ぼう。

① John（　　）　② Emily（　　）　③ Brian（　　）

Speak & Write

(1) 絵を見て，世界の中学生が何時に何をしているか説明しよう。

例 It's five o'clock in Wakaba City, Japan. Hana is practicing soccer.

（日本のわかば市は5時ちょうどです。花はサッカーの練習をしています。）

5:00 p.m. (Hana)
（午後5時(花)）

Wakaba City, Japan
（日本のわかば市）

1:30 p.m. (Sunny)
（午後1時30分(サニー)）

New Delhi, India
（インドのニューデリー）

9:00 a.m. (Jane)
（午前9時(ジェーン)）

Edinburgh, the U.K.
（英国のエジンバラ）

1:00 a.m. (Kevin)
（午前1時(ケビン)）

Seattle, the U.S.A.
（アメリカ合衆国のシアトル）

解答例 It's nine a.m. in Edinburgh, the U.K. Jane is playing basketball.

（英国のエジンバラは午前9時です。ジェーンはバスケットボールをしています。）

(2) (1)で話したことを書こう。

解答例 It's one a.m. in Seattle, the U.S.A. Kevin is sleeping.

（アメリカ合衆国のシアトルは午前1時です。ケビンは眠っています。）

Word Bank

study math 数学を勉強する

be in P.E. class 体育の授業中である

sleep 寝る

語句を確かめよう（p.114，116〜117）

- 重要 ☐ life［ライフ］ 名 生活，暮らし
- 重要 ☐ choose［チューズ］ 動 選ぶ，選択する
- 重要 ☐ own［オウン］ 形〔所有を強調して〕自分（自身）の
- 重要 ☐ class(es)［クラス(ィズ)］ 名 授業
- 重要 ☐ different［ディファレント］ 形 違った，別の；いろいろな，様々な
- ☐ schedule［スケヂュール］ 名 （学校の）時間割，スケジュール
- ☐ flute［フルート］ 名 フルート
- 重要 ☐ carry(ing)［キャリ(イング)］ 動 持っている，運ぶ

語句を確かめよう（p.116〜117）

- 重要 ☐ sleep［スリープ］ 動 眠る，睡眠をとる
- ☐ Sunny［サニ］ 名 サニー《名前》
- ☐ New Delhi［ニュー デリ］ 名 ニューデリー《地名》
- ☐ Kevin［ケヴィン］ 名 ケビン《名前》
- ☐ Seattle［スィアトル］ 名 シアトル《地名》

確認しよう（p.114）

- ☐ case［ケイス］ 名 ケース，箱，…入れ
- ☐ girl［ガール］ 名 女の子，少女

Drill 1 Listen / 2 Repeat / 3 Say ♪

Ⓐ

write a letter
（手紙を書く）

Ⓑ

cook curry
（カレーを作る）

Ⓒ

brush his teeth
（歯をみがく）

Ⓓ

take a bath
（風呂に入る）

Ⓔ

cut a carrot
（ニンジンを切る）

Ⓕ

run
（走る）

Ⓖ

watch TV
（テレビを見る）

Ⓗ

dance to music
（音楽に合わせて踊る）

〈Repeat する英文〉

Ⓐ Koji is writing a letter now. （耕司は今，手紙を書いています。）
Ⓑ Koji is cooking curry now. （耕司は今，カレーを作っています。）
Ⓒ Koji is brushing his teeth now. （耕司は今，歯をみがいています。）
Ⓓ Koji is taking a bath now. （耕司は今，風呂に入っています。）
Ⓔ Amy is cutting a carrot now. （エイミーは今，ニンジンを切っています。）
Ⓕ Amy is running now. （エイミーは今，走っています。）
Ⓖ Koji and Amy are watching TV now. （耕司とエイミーは今，テレビを見ています。）
Ⓗ Koji and Amy are dancing to music now.
（耕司とエイミーは今，音楽に合わせて踊っています。）

・扉ページ（教科書p.83）

① Where does this bus go?
（このバスはどこへ行きますか。）

② What do you like about your school?
（あなたの学校の何が好きですか。）

解答例 ① It goes to school. （それは学校へ行きます。）
② I like the school events [club activities, lessons].
（私はスポーツの行事〔クラブ活動，授業〕が好きです。）
I like the sport day [the chorus contest, the cultural festival].
（私は体育祭〔合唱祭，文化祭〕が好きです。）

教科書 86〜87ページ

GET Part 2 School Life in the U.S.A.

―● 現在進行形を理解し，使おう。

● 声を出して読んでみよう ♪

●写真を見ながら，花とマークが話しています。

Hana : ① Are these students eating lunch?

Mark : ② Yes, they are. ③ Some students bring lunch from home. ④ Others buy lunch at the cafeteria.

（Some … ：なかには…な人もある）

「カフェテリア」という意味。ここでは，学校の中にあるセルフサービスの食堂を指す。

③のSomeと対比して，「(一方で)…な人もいる」という意味。

Hana : ⑤ What is the boy eating?

Mark : ⑥ He's eating a taco. ⑦ It's a popular food from Mexico.

He isの短縮形。

Whatでたずねられたら，具体的に答える。

前に出たa taco「タコス」を指している。

♪

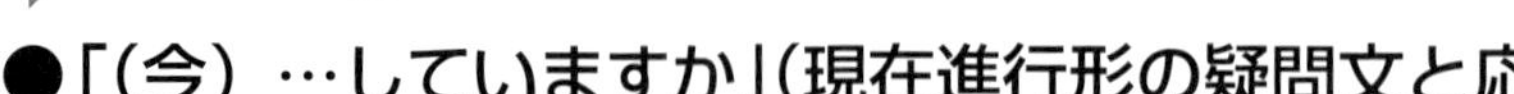

❶ *Tom is studying math now.* (トムは今数学を勉強しています。)

❷ **Is Tom studying math now?** (トムは今数学を勉強していますか。)

Yes, he is. / No, he is not. (はい，しています。／いいえ，していません。)

- 「(今)…していますか」とたずねるときは，〈be動詞＋主語＋動詞の-ing形…?〉で表します。
- 現在進行形の疑問文には，be動詞を使って答えます。

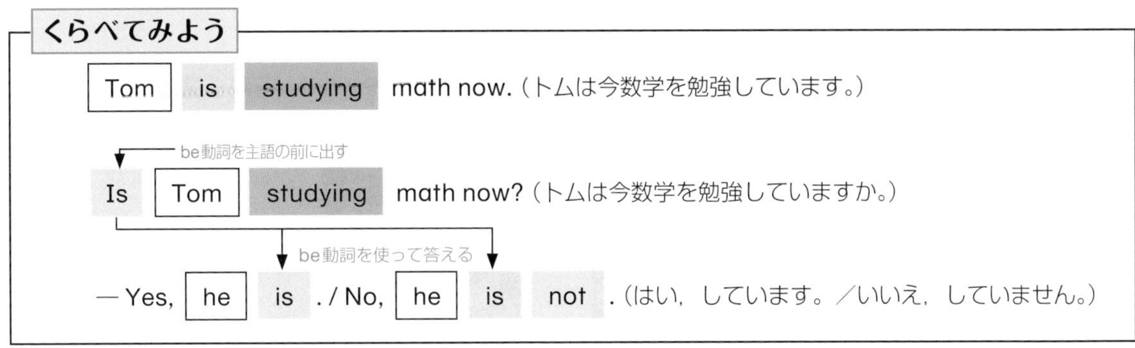

・Whatで始まる現在進行形の疑問文は，〈What＋be動詞＋主語＋動詞の-ing形…?〉で表し，「(今)何を…していますか」という意味になります。答えるときは，進行形の文で具体的に答えます。

進行形の文で答える

・現在進行形の否定文は，〈be動詞＋not＋動詞の-ing形〉で表します。

ここがポイント！

❶ Are these students eating lunch?

・〈**be動詞＋主語＋動詞の-ing形…?**〉は，現在進行形の疑問文です。
・主語はthese studentsなので，be動詞はareを使います。

❺ What is the boy eating?

・〈**What＋be動詞＋主語＋動詞の-ing形…?**〉は，Whatで始まる現在進行形の疑問文です。
・He is eating ....と具体的に答えます。

本文の意味をつかもう

花　　：❶この生徒たちは昼食を食べているのですか。
マーク：❷はい。❸家からお弁当を持ってくる生徒もいます。❹カフェテリアで買う生徒もいます。
花　　：❺この男の子は何を食べているのですか。
マーク：❻彼はタコスを食べています。❼それはメキシコから来た（アメリカで）一般的な料理です。

Q&A

Where do the students get their lunch?（生徒たちは昼食をどこで手に入れますか。）

解答例 Some students bring lunch from home. Others buy it at the cafeteria.
（家からお弁当を持ってくる生徒もいます。カフェテリアで買う生徒もいます。）

Listen ♪

マークのお姉さんがマークと電話で話しています。マークがしていることをA～Fから選ぼう。

① (　　)
② (　　)
③ (　　)

A

B

C

D

E

F

Talk & Write

(1) 本書の中から絵を１つ選んで，ペアでクイズを出し合おう。答える人は，相手に質問して，どのページの絵を選んだか当てよう。

例 *A :* Who's in the picture?（絵の中にはだれがいますか。）
B : Hana, Dinu, and Jing.（花，ディヌー，ジンです。）
A : Is Dinu using a computer?（ディヌーはコンピューターを使っていますか。）
B : Yes, he is.（はい，使っています。）
A : Are you looking at page 76?（あなたは 76 ページを見ていますか。）
B : Yes, I am.（はい，見ています。）

解答例 *A:* Who's in the picture?（絵の中にはだれがいますか。）
B: Some men.（数人の男性です。）
A: Are they playing the bagpipes?（彼らはバグパイプを演奏していますか。）
B: Yes, they are.（はい，しています。）
A: Are you looking at page 96?（あなたは 96 ページを見ていますか。）
B: Yes, I am.（はい，見ています。）

(2) (1)でたずねた質問とその答えを書こう。

例 Is Dinu using a computer?（ディヌーはコンピューターを使っていますか。）
— Yes, he is.（はい，使っています。）

解答例 Are they eating lunch?（彼らは昼食を食べていますか。）
—Yes, they are.（はい，食べています。）

Word Bank

talk with ...　…と話す　　look at a poster　ポスターを見る　　hold a picture　写真を手に持つ

語句を確かめよう (p.118) 

重要 ☐ bring [ブリング]
動 (物を)持ってくる，(人を)連れてくる

☐ cafeteria [キャフェティアリア]
名 カフェテリア《セルフサービスの食堂；欧米では学校・会社などでよく見られる》

he's　he isの短縮形

☐ Mexico [メクスィコウ]
名 メキシコ《北アメリカ南端の合衆国；首都はメキシコ・シティー；公用語はスペイン語》

☐ taco [ターコウ]
名 タコス《料理》

語句を確かめよう (p.120～121) 

☐ poster [ポウスタ]
名 ポスター

☐ *listen to ...*
…を聞く

重要 ☐ radio [レイディオウ]
名 ラジオ

確認しよう (p.118)　☐ buy [バイ] 動 買う

Drill **1 Listen / 2 Repeat / 3 Say** 

Ⓐ 
write a letter
(手紙を書く)

Ⓑ 

sleep
(眠る)

Ⓒ 
talk on the phone
(電話で話す)

Ⓓ 
practice volleyball
(バレーボールを練習する)

Ⓔ 
make sandwiches
(サンドイッチを作る)

Ⓕ 
swim
(泳ぐ)

Ⓖ 
listen to the radio
(ラジオを聞く)

Ⓗ 
use computers
(コンピューターを使う)

〈Repeat する英文〉

Ⓐ Is Miki writing a letter now? (美紀は今，手紙を書いていますか。)
Ⓑ Is Miki sleeping now? (美紀は今，眠っていますか。)
Ⓒ Is Miki talking on the phone now? (美紀は今，電話で話していますか。)
Ⓓ Is Miki practicing volleyball now? (美紀は今，バレーボールを練習していますか。)
Ⓔ Is Tom making sandwiches now? (トムは今，サンドイッチを作っていますか。)
Ⓕ Is Tom swimming now? (トムは今，泳いでいますか。)
Ⓖ Are Miki and Tom listening to the radio now?
(美紀とトムは今，ラジオを聞いていますか。)
Ⓗ Are Miki and Tom using computers now?
(美紀とトムは今，コンピューターを使っていますか。)

SETTING 花たちのクラスに，アメリカに住んでいるリサから，アメリカの中学校生活について書かれたメールが送られてきました。

声を出して読んでみよう ♪

❶ From: Lisa Smith
❷ To: My Friends in Japan
❸ Subject: Life after School

① ❹ Dear friends,
❺ Here are pictures of my friend and me. ❻ We do many things after school.

② ❼ I am in the first picture. ❽ I am working as a volunteer. ❾ I am reading a book with a child. ❿ She is lovely.

③ ⓫ My friend, Kevin, is in the next two pictures. ⓬ In one picture, he is throwing a football. ⓭ In the other picture, he is running a sprint. ⓮ He is on the football team in the fall. ⓯ In the spring, he is on the track and field team. ⓰ He likes sports.

（on：〔所属〕…の一員で　the track and field team：陸上競技部）

④ ⓱ What do you do after school in Japan?
⓲ Please send an e-mail to me.

⓳ Your friend,
⓴ Lisa

- From：メールの差出人。
- To：メールの宛先。
- Subject：メールの件名。
- Dear「親愛なる…」は手紙やメールの書き出しに使う。
- 〈Here is[are] ....〉で「ここに…があります」という意味。
- I am working：現在進行形の文。
- the first picture：3枚ある写真のうちの「一番最初の写真」を指す。
- the next two pictures：3枚ある写真の「次の〔残りの〕2枚」を指す。
- runの-ing形は，nを重ねて-ingをつける。
- Your friend,：手紙やメールの結びのあいさつ。
- Lisa：手紙やメールの最後に自分の名前を書く。

STAGE 1 Get Ready メールを読む前に確認しよう。

(1) アメリカの中学校生活について知っていることを話そう。

解答例 Some students go to school by the school bus. Students have different schedule of lessons. School lunch is different, too. Some bring them from home, and some buy them at cafeteria. (スクールバスで登校する生徒がいます。生徒たちは授業の異なった時間割を持っています。学校の昼食も異なっています。家からお弁当を持ってくる生徒もいれば，カフェテリアで買う生徒もいます。)

(2) 写真を見て，写っている人たちが何をしているか考えよう。

解答例 The girl is teaching a small child. The boy is playing American football. The boy is running on the track. (女の子は小さな子どもに教えています。男の子はアメリカンフットボールをしています。男の子はトラックで走っています。)

STAGE 2 Read メールの概要をとらえよう。

Guide 1

このメールは何について書かれたものですか。

解答例 It is about the activities after school. (それは放課後の活動についてです。)

Guide 2

(1) 122 ページの写真でリサがしていることを説明する英文に下線を引こう。
(2) 122 ページの写真でケビンがしていることを説明する英文に波線を引こう。

解答 ❽ I am working as a volunteer. (私はボランティア活動をしているところです。)
❾ I am reading a book with a child. (私は子どもと本を読んでいるところです。)

解答 ⓬ he is throwing a football (彼はフットボールを投げています)
⓭ he is running a sprint (彼は短距離走をしています)

Goal メールの概要を表にまとめよう。

解答例

人物	Lisa (リサ)	Kevin (ケビン)
放課後の活動	volunteer work (ボランティアの仕事)	sports (スポーツ)
写真の紹介	- She is working as a volunteer. (彼女はボランティアとして働いています。) - She is reading a book with a child. (彼女は子どもといっしょに本を読んでいます。)	- He is throwing a football. (彼はフットボールを投げています。) - He is running a sprint. (彼は短距離走をしています。)

STAGE 3 Think & Write

リサに返信のメールを書こう。
例 I practice tennis after school.

解答例 Dear Lisa,
Thank you for your e-mail.
In Japan, after school, many students do club activities after school. Baseball, soccer, and tennis are popular sport clubs, and we have music clubs, too. I sing with my friends. It's fun.
(Some students go home and study at juku.)
Your friend,
Kenta

(親愛なるリサ　メールをありがとう。日本では，放課後，多くの生徒が学校でクラブ活動をします。野球，サッカー，そしてテニスが人気のスポーツ部です。そして私たちは音楽部もあります。私は友だちと歌います。楽しいです。（家に帰って塾で勉強する生徒もいます。）あなたの友だち，健太）

本文の意味をつかもう

❶差出人：リサ・スミス　❷宛先：日本の私の友人
① ❸件名：放課後の生活　❹親愛なる友だちのみなさんへ
❺ここに私の友だちと私の写真があります。❻私たちは放課後にいろいろなことをします。
② ❼私は最初の写真にいます。❽ボランティア活動をしているところです。❾子どもと本を読んでいます。❿かわいい子です。
③ ⓫友人のケビンは次の２枚の写真にいます。⓬１つの写真では彼はフットボールを投げています。⓭もう１枚の写真では，彼は短距離走をしています。⓮彼は秋にはフットボール部にいて，⓯春には陸上部にいます。⓰彼はスポーツが好きです。
④ ⓱日本では放課後何をしていますか。⓲Ｅメールを下さい。
⓳あなたの友だち⓴リサ

Tips for Reading

・読む前に，タイトルや写真などから内容を推測してみよう。
・できるだけ英文の内容を絵で思い浮かべながら読んでみよう。

☑ Check

●次の語句は何を指していますか。　She (❿)，He (⓰)，me (⓲)

解答
She (❿)：a child (❾)（子ども）
He (⓰)：Kevin (⓫)（ケビン）
me (⓲)：Lisa (⓴)（リサ）

語句を確かめよう (p.122) 

重要 ☐ thing(s) [スィング(ズ)]
名 こと

重要 ☐ after [アフタ]
前 …のあとに

☐ *after school*
放課後

重要 ☐ work(ing) [ワーク〔ワーキング〕]
動 働く

☐ volunteer [ヴァランティア]
名 ボランティア

重要 ☐ child [チャイルド]
名 子ども（複数形は children）

重要 ☐ lovely [ラヴリ]
形 かわいい

重要 ☐ next [ネクスト]
形 次の

重要 ☐ throw(ing) [スロウ(イング)]
動 投げる

☐ sprint [スプリント]
名 短距離走

重要 ☐ team [ティーム]
名 チーム

重要 ☐ e-mail [イーメイル]
名 Eメール

☐ Lisa [リーサ]
名 リサ（名前）

確認しよう (p.122)

☐ children [チルドレン] 名 childの複数形
☐ fall [フォール] 名 秋
☐ spring [スプリング] 名 春
☐ field [フィールド] 名 （陸上競技場で走路の内側の）フィールド
☐ track and field 名 陸上競技
☐ please [プリーズ] 副 どうぞ，すみませんが，お願いいたします

学校生活や行事を紹介するメールを書こう

リサから「日本の学校について教えてほしい」というメールが届きました。
写真を添えて，日本の学校生活や行事などを紹介するメールを書こう。

Check 設定を確認しよう。

（何のために） 日本の学校をリサに紹介するために

（何について）

（何をする）

1. Follow the Steps 陸がメールを書いています。どんなことを考えながら書いているか確認しよう。

Step 1  内容を考える

陸のひとりごと

What's a good topic?
思いついたことをまず書き出してみよう。アメリカにはない習慣や行事を紹介したらいいかな。

What can I say about it?
写真について説明するときは，まず写っている人のことを説明した方がいいかもしれない。

紹介したいこと
- □ 球技大会
- □ 音楽部の活動
- □ 入学式
- □ 制服
- □ 体育の授業
- □ 給食

給食

説明	写真について
□ 全校生徒が同じメニューの食事をとる □ メニューは日替わり □ みんな教室で食べる □ 栄養士が献立を考えている	□ 友だちがカレーを食べているところ □ わかば中学校では6人1グループの班ごとに机をつなげる □ 飲み物は主に牛乳 □ カレーの日はナンが出ることもある

Step 2  考えを整理する

Opening（始めのことば）	紹介すること	This is a picture of our school lunch. （これは私たちの学校給食の写真です。）
Body（内容）	説明，写真について	– My friends are eating curry.（私の友だちはカレーを食べています。） – eat in the classroom（教室で食べる） – everyone, eat the same thing（みんな，同じものを食べる）
Closing（終わりのことば）	ひとこと	I like our school lunch very much.（私は学校給食が大好きです。）

陸のひとりごと

What can I write?
アメリカと異なるところを紹介しよう。マークから聞いた話では，アメリカの中学校では昼ごはんを教室では食べないらしい。それなら，場所の説明もしないと。

How can I write?
「…を食べているところ」だから，are eating でいいのかな。

Q Step❶の日本語のメモのうち，Step❷で陸が取り上げたものにチェック☑しよう。

解答

紹介すること：学校給食

説明：全校生徒が同じメニューの食事をとる

みんな教室で食べる

写真について：友だちがカレーを食べているところ

陸のひとりごと

Now, let's write!

・写真に写ってはいないけど，ぼくも一緒に食べていたから My friends じゃなくて We にしよう。

・主語が everyone のときは eats になるんだった。

Step❸ 文章を書く

Our School Lunch

This is a picture of our school lunch. We are eating curry. We eat school lunch in the classroom. Everyone eats the same thing. I like our school lunch very much.

私たちの学校給食

これは私たちの学校給食の写真です。私たちはカレーを食べています。私たちは学校給食を教室で食べます。みんな同じものを食べます。私は学校給食が大好きです。

Q Step❸の英文のうち，Opening, Body, Closing はどの部分ですか。／で区切ろう。

解答

Opening: This is a picture of our school lunch.

Body: We are eating curry. We eat school lunch in the classroom. Everyone eats the same thing.

Closing: I like our school lunch very much.

語句を確かめよう (p.126)

重要 ☐ everyone [エヴリワン]

代 だれでも，みんな《単数として扱う》

2. Work in Class クラスやグループで協力して書こう。

Step 1 内容を考える

紹介したいこと
□
□
□
□

説明	写真について
□	□
□	□
□	□

紹介したいこと
□合唱祭
□
□
□

合唱祭

説明	写真について
□クラスで歌を選ぶ	□練習風景
□放課後練習する	□本番の様子
□	□

Step 2 考えを整理する

Opening	紹介すること	
Body	(　　)	
Closing	ひとこと	

解答例

Opening	紹介すること	Chorus Festival (合唱祭)
Body	(説明，合唱祭について)	Students practice in the group. Some students practice with the piano, and others practice with CD players. (生徒たちはグループで練習します。ピアノと一緒に練習する生徒もいれば，CD プレーヤーで練習する生徒もいます。)
Closing	ひとこと	Everyone enjoys music together. (みんないっしょに音楽を楽しみます。)

Step 3  文章を書く

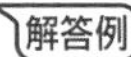解答例 Chorus Festival

This is a picture of the Chorus Festival of our school. The classes choose the song and practice singing in the classroom after school. Some students practice with the piano, and others practice with CD players. On the Festival day, they all sing on the stage together. We all enjoy music this day.

合唱祭

これは私たちの学校の合唱祭の写真です。クラスで歌を選び，放課後教室で歌う練習をします。ピアノに合わせて練習する生徒もいれば，CD プレイヤーに合わせて練習する生徒もいます。合唱祭の日は，みんなが舞台でいっしょに歌います。この日は私たちみんな，音楽を楽しみます。

3. Write by Yourself

あなたの学校生活や行事などを紹介するメールを書こう。

解答例 We have a homeroom every Tuesday. One or two students talk about their life, plans and dreams. Also, we talk about our future events like school trips and festivals. We sometimes play sports and games, or have small parties. We enjoy them very much.

(私たちは，毎週火曜日にホームルームがあります。1 人または 2 人の生徒が自分の生活，計画，夢について話します。また，私たちは遠足やお祭りのような未来のイベントについても話します。時々，スポーツや試合をしたり，小さいパーティーをしたりします。私たちはそれらをとても楽しみます。)

Idea Box

【学校生活】

class schedule 時間割　cleaning time 掃除(そうじ)の時間

club activities 部活動　daily report / class diary 学級日誌

homeroom ホームルーム　science class 理科の授業

school uniform （学校の）制服

clean the room 部屋を掃除する　do experiments 実験をする

practice soccer サッカーを練習する　take a class 授業を受ける

【場所・時間】

in the schoolyard 校庭で　in the gym 体育館で

every Tuesday 毎週火曜日に　on weekdays 平日に

in the second period 2 時間目に　start at ... …に始まる

Take Action! Listen 3 映画の紹介

話の全体的な内容を聞き取る

夏海は，マリアたちと映画を見に行くことになりました。前日に，夏海がラジオを聞いていると，新しく公開された映画の予告編が流れてきました。

Expressions

twin wizards 双子(ふた)の魔(ま)法使い
magic 魔法の
a special power 特別な力
solve problems together 一緒(しょ)に問題を解決する
help ... …を助ける

STAGE 1 Get Ready

1. 映画の予告編を聞くとき，あなたはどんなことを知りたいですか。
2. 右のExpressionsを参考に，映画の予告編で使われる表現を確認しよう。

STAGE 2 Listen

1st Listening

2つの映画の予告編を聞いて，それぞれのあらすじをまとめよう。

①**Magic Journey**（マジックジャーニー）

あらすじ
- ジャンル：ファンタジー
- 場所：＿＿＿＿＿＿にある世界
- 登場人物：＿＿＿＿＿が好きな双子
- できごと：＿＿＿＿＿＿＿＿＿ができる魔法の＿＿＿＿＿を探す旅に出る。

②**Detective George**（探偵ジョージ）

あらすじ
- ジャンル：ミステリー
- 場所：イギリスの＿＿＿＿＿＿＿＿
- 登場人物：＿＿＿＿＿と話せる少年
- できごと：少年と犬が＿＿＿＿＿＿＿の＿＿＿＿＿＿を一緒に解決する。

〔journey 旅　detective 探偵〕

2nd Listening 聞き取れなかった部分に注意しながら，もう一度聞いてみよう。

3rd Listening 巻末の**Audio Scripts**を見ながら音声を確認しよう。（スクリプトはp.221～222）

STAGE 3 Think & Act

あなたは，どちらの映画を見たいですか。それはなぜですか。

解答例 I want to watch “Magic Journey” because I like fantasy movies.
（ファンタジー映画が好きだから『マジックジャーニー』を見たい。）

BONUS STAGE 別の映画の予告編を聞いてみよう。（スクリプトはp.224）

語句を確かめよう（p.130）

- ☐ twin［トウィン］形 ふたごの
- ☐ wizard(s)［ウィザド〔ヅ〕］名 魔法使い
- 重要 ☐ power［パウア］名 力
- ☐ solve［サルヴ］動 （問題などを）解決する，解く
- 重要 ☐ problem(s)［プラブレム（ズ）］名 問題；やっかいなこと
- 重要 ☐ together［トゲザ］副 いっしょに
- 重要 ☐ help［ヘルプ］動 手伝う，助ける

確認しよう（p.130）

- ☐ special［スペシャル］形 特別の，特殊な；大事な

Take Action! 青い T シャツはいかがですか

提案する　好みを伝える

お店に T シャツを買いに来たジンが，店員と話しています。 

Clerk

「いらっしゃいませ。」という店員の決まり文句。

Jing

❶ May I help you?（メイ アイ ヘルプ ユー）

❷ Yes, please.（イェス プリーズ） ❸ I'm looking for a T-shirt.（アイム ルキング フォー ア ティーシャート）

❹ How about this blue one?（ハウ アバウト ズィス ブルー ワン）

❺ I like the design, but I don't like the color.（ライク ザ ディザイン バト ドウント カラ）

❻ Then, how about this white one?（ゼン （ホ）ワイト）

❼ Perfect.（パーフィクト）

店員　：❶お手伝いしましょうか。
ジン　：❷ええ，お願いします。❸私はTシャツをさがしているところです。
店員　：❹この青いものはいかがでしょうか。
ジン　：❺私はデザインは好きですが，色が好きではありません。
店員　：❻それでは，この白いものはいかがですか。
ジン　：❼完ぺきです。

Expressions

提案する

How about ...?　（…はどうですか。）
I suggest ....　（…をおすすめします。）

好みを伝える

I don't like ....　（私は…が好きではありません。）
It's too ....　（それは…すぎます。）

Work in Pairs

1. 上のスキットをペアで演じてみよう。
2. 巻末のロールプレイシートを使って，A・Bの役割をペアで演じてみよう。

解答例 *A:* May I help you? (いらっしゃいませ。)
B: Yes, please. I'm looking for a nice T-shirt.
(ええ，お願いします。私はすてきな T シャツをさがしているところです。)
A: How about this white one? (この白いものはいかがでしょうか。)
B: I like the color, but I don't like the design.
(私は色は好きですが，デザインが好きではありません。)
A: Then, I suggest this one. (それでは，こちらのものをおすすめします。)
B: Perfect. (完ぺきです。)

語句を確かめよう (p.131) 

重要 ☐ may [メイ] 助〔許可〕…してもよい
☐ *May I help you?* (店員が客に対して) お手伝いしましょうか。
☐ *Yes, please.* はい，お願いします
☐ *look for ...* …をさがす
☐ design [ディザイン] 名 デザイン，図案；設計，設計図

重要 ☐ then [ゼン] 副 その時，(その) 当時，それから，次に，そのあとで，それなら，その場合には，そうすると
重要 ☐ suggest [サグヂェスト] 動 提案する
☐ perfect [パーフィクト] 形 完全な，申し分ない

(p.131)

☐ but [バト] 接 しかし，だが，けれども
☐ white [(ホ) ワイト] 名 形 白 (の)

GET Plus 4 これはだれの鍵(かぎ)ですか

Dialog 教室に落ちていた鍵を見つけたディヌーが，花と話しています。 

「だれの…ですか」とたずねるときは，whose を文頭に置きます。

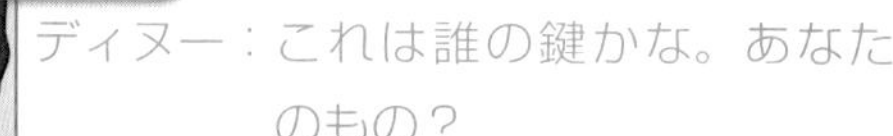

ディヌー：これは誰の鍵かな。あなたのもの？
花：いいえ。私のものではないわ。これは陸のものね。
ディヌー：彼のものか。わかった。

Exercise 1 ディヌーになったつもりで，マークとケイトに，落としものの持ち主をたずねよう。

❶

解答例 Dinu: Whose bag is this?
(これはだれのかばんですか。)
Mark: It's Kate's.
(それはケイトのものです。)

❷

?
Mark

解答例 Dinu: Whose umbrella is this?
(これはだれの傘ですか。)
Kate: It's Mark's. (それはマークのものです。)

Exercise 2 Dialog を参考にペアで会話しよう。➡ Word Bank p.133

次の［　］のものは，わかば中学校の落としものです。１つ選んで持ち主をたずねよう。
質問された人は，教科書の登場人物から持ち主を想像して答えよう。

解答例 ▶ A: Whose pen case is this? (これはだれの筆箱ですか。)
B: It's Kate's. (それはケイトのものです。)

Write 上で持ち主をたずねた文を書こう。 解答例 (略)

Try ペアで，教室にあるものについて，それが誰のものか自由に話そう。

解答例 A: Whose dictionary is this? Is it yours? (これはだれの辞書ですか。それはあなたのものですか。)
B: No, it isn't. I have my dictionary here. Let's bring it to our teacher.
(いいえ，ちがいます。私はここに自分の辞書を持っています。それを私たちの先生のところへ持っていきましょう。)
A: Oh, yes. That's a good idea. (ああ，わかりました。それはいい考えですね。)

Word Bank

「…のもの」を表すことば（所有代名詞）

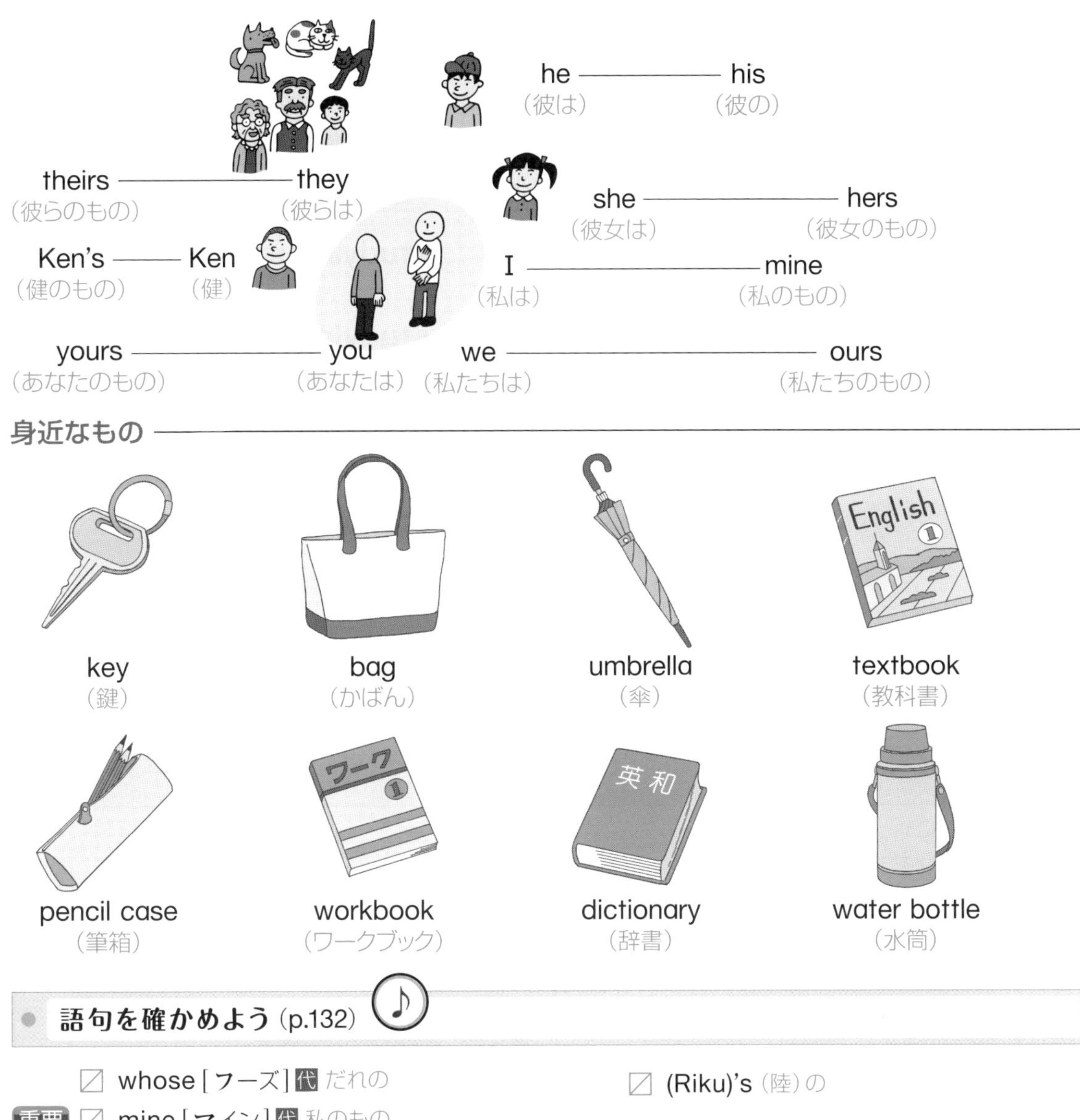

語句を確かめよう (p.132)

- ☐ whose [フーズ] 代 だれの
- 重要 ☐ mine [マイン] 代 私のもの
- ☐ (Riku)'s (陸)の

語句を確かめよう (p.133)

- ☐ theirs [ゼアズ] 代 彼(女)らのもの；それらのもの
- ☐ hers [ハーズ] 代 彼女のもの
- 重要 ☐ ours [アウアズ] 代 私たちのもの
- ☐ textbook [テクストブク] 名 教科書
- ☐ workbook [ワークブク] 名 (学習用) ワークブック
- ☐ dictionary [ディクショナリ] 名 辞書，辞典
- 重要 ☐ bottle [バトル] 名 びん

確認しよう (p.133)

- ☐ water [ウォータ] 名 水

文法のまとめ ⑤

教科書 96ページ

● 現在進行形を確認しよう。

現在進行形

◆「(今)…しています」「…しているところです」と，現在動作をしている最中だというときは，〈be動詞(am，is，are)＋動詞の-ing形〉で表します。be動詞は主語によって使い分けます。

◆現在進行形の文は，主語が何かの動作の最中であることを伝えることができます。

●比べてみよう

現在形	現在進行形
・いつも習慣的にやっていること。 ・いつも変わらずそうあること。	・動作の最中であること。
She uses the computer. (彼女はコンピューターを使います。)	She is using the computer. (彼女は(今)コンピューターを使っています。)
Ken reads a newspaper. (健は新聞を読みます。)	Ken is reading a newspaper. (健は(今)新聞を読んでいます。)
I like cats. (私はネコが好きです。)	(I am liking とは言わない)
You know his name. (あなたは彼の名前を知っています。)	(You are knowing とは言わない)

◆likeやknowなどの状態を表す動詞のように，意味のうえで瞬間的な動作にならない動詞は現在進行形になりません。

◆Whatで始まる現在進行形の疑問文

「(今)何を…していますか」とたずねる文は，〈What＋be動詞＋主語＋動詞の-ing形…?〉で表します。答えるときは，進行形の文で具体的に答えます。

Drill 1　日本語の意味に合うように，(　　)に適する語を入れましょう。

1. Saki (　　) (　　) breakfast now. (サキは今，朝食を食べています。)
2. (　　) he (　　) in the park now? (彼は今，公園で走っていますか。)
3. They (　　) (　　) volleyball. (彼らは今，バレーボールを練習していません。)

Drill 2　次の英文を現在進行形の文に書きかえて，日本語の意味に合うようにしましょう。

1. Mary does her homework. (メアリーは今，宿題をしています。)
2. Does he write a letter? (彼は今，手紙を書いていますか。)
3. I don't swim in the pool. (私は今，プールで泳いでいません。)

英語のしくみ

いろいろな疑問文②

[ax おの]

[take off 取り除く　coat コート]

[love 愛する]

[clothes 衣服]

[build 建てる]

①あなたは私たちのお母さんですか。
②はい，そうです。
③これはあなたのおのですか。
④いいえ，ちがいます。
⑤あなたは彼のコートを取り除くことができますか。
⑥はい，できます。
⑦あなたは何か食べ物を持っていますか。
⑧はい，持っています。
⑨彼女は彼を愛していますか。
⑩はい，愛しています。
⑪王様は衣服を着ていますか。
⑫いいえ，着ていません。
⑬あなたは家を建てているところですか。
⑭はい，建てているところです。

Lesson 6 GET Part 1 Discover Japan

● 過去形「…しました」の表し方を覚えよう。

声を出して読んでみよう ♪

●ケイトは日本での思い出をブログに投稿(こう)しています。

❶ This year my family and I **went** to many places in Japan. ❷ **We** **saw** beautiful things and **ate** delicious food. ❸ We joined traditional events. ❹ We had great experiences. ❺ I learned (知った，聞いた) a lot (たくさん) about Japan. ❻ These are my favorite pictures.

- go「行く」は不規則動詞で，過去形はwent。
- 前に出たmy family and I「私の家族と私」のこと。
- see「見る」は不規則動詞で，過去形はsaw。
- eat「食べる」は不規則動詞で，過去形はate。

POINT 

●「…しました」(過去の肯定文)

❶ *Amy enjoys karaoke every Sunday.*
(エイミーは毎週日曜日にカラオケを楽しみます。)

❷ **Amy enjoyed karaoke last Sunday.**
(エイミーはこの前の日曜日にカラオケを楽しみました。)

- 「…しました」と過去のことをいうときは，動詞の原形に(e)dをつけます。この形を過去形といいます。
- 過去形は主語が何であっても同じ形です。

❸ *Amy goes to Hiroshima every year.*（エイミーは毎年広島に行きます。）
（ゴウズ トゥー　エヴリ イア）

❹ **Amy went to Hiroshima last year.**（エイミーは昨年広島に行きました。）
（ウェント）

・動詞の中には，過去形にするとき不規則に変化するものがあります。

規則動詞 …(e)dをつけて過去形をつくる動詞
　例　play → played，visit → visited

不規則動詞 …不規則に変化して過去形をつくる動詞
　例　go → went，see → saw，eat → ate

・不規則に変化する動詞の過去形は，一つひとつ覚えましょう。

ここがポイント！

❶ This year my family and I went to many places in Japan.

・過去のことを話しているので，go→wentと動詞を過去形にしています。

本文の意味をつかもう

❶今年，私の家族と私は日本のたくさんの場所に行きました。❷私たちは，美しいものを見たり，おいしい食べ物を食べたりしました。❸私たちは伝統的な行事に参加しました。❹私たちはすばらしい経験をしました。❺私は日本についてたくさん知りました。❻これらは私のお気に入りの写真です。

Q&A

Did Kate and her family enjoy their trips in Japan?
（ケイトと彼女の家族は日本での旅を楽しみましたか。）

解答例 Yes, they did.（はい，楽しみました。）

Listen ♪

ケイトが長崎旅行の思い出を話しています。1日めと2日めにケイトがしたことをA～Hから選ぼう。

① Day 1（1日め）（　　）（　　）（　　）　② Day 2（2日め）（　　）（　　）（　　）

A
bridge
（橋）

B

view at night
（夜景）

C

noodles
（めん）

D

sweets
（甘い菓子）

E

park
（公園）

F

hot springs
（温泉）

G

garden
（庭）

H

Chinatown
（中華街）

Speak & Write

(1) **Listen** の絵を見ながら，ケイトが長崎でしたことを，時間の流れに沿って説明しよう。

㊎ Kate went to Nagasaki in April.（ケイトは４月に長崎へ行きました。）
On the first day, she visited . . .（最初の日，彼女は…を訪れました。）
On the second day, she ate . . .（２日目，彼女は…を食べました。）

解答例 Kate went to Nagasaki in April.
On the first day, she visited Glover Garden. She saw many beautiful flowers there. Then she went to the Peace Park. She ate some Chinese food at Chinatown.
On the second day, she visited Unzen for hot springs. She ate *champon* for lunch. At night she saw a beautiful view from Inasayama.
（ケイトは４月に長崎へ行きました。最初の日，彼女はグラバー園を訪れました。彼女は多くの美しい花をそこで見ました。それから彼女は平和公園へ行きました。彼女は中華街で中華料理を食べました。２日目，彼女は温泉に入りに雲仙へ行きました。彼女は昼食にちゃんぽんを食べました。夜に彼女は稲佐山から美しい景色を見ました。）

(2) (1)で話したことを書こう。解答例（略）

Word Bank

cross the bridge 橋を渡る　eat Chinese food 中華料理を食べる
hot springs 温泉　see the view at night 夜景を見る

語句を確かめよう（p.136）

- ☐ discover［ディスカヴァ］動 発見する
- 重要 ☐ join(ed)［ヂョイン(ド)］動 参加する，加わる
- 重要 ☐ event(s)［イヴェント〔ツ〕］名（重要な）出来事；行事
- 重要 ☐ had［ハド］動 have（（経験として）持つ）の過去形・過去分詞
- 重要 ☐ experience(s)［イクスピアリエンス(ィズ)］名 体験，経験
- 重要 ☐ lot［ラト］名〔a lotまたはlotsで〕たくさん；たいへん，とても
- ☐ *a lot* たくさん，とても
- 重要 ☐ last［ラスト］形（時間的に）この前の；最近の《名詞の前に用いる》
- ☐ Amy［エイミ］名 エイミー《名前》
- ☐ karaoke［カリオウキ］名 カラオケ

語句を確かめよう（p.138～139）

- ☐ hot spring(s) 名 温泉
- 重要 ☐ view［ヴュー］名 景色
- ☐ picnic［ピクニク］名 ピクニック
- ☐ cleaner［クリーナ］名 そうじ機，クリーナー
- ☐ history［ヒストリ］名 歴史；経歴
- 重要 ☐ drop［ドラプ］動 落とす；落ちる
- ☐ wallet［ワレト］名 さいふ，札入れ
- 重要 ☐ bought［ボート］動 buy（買う）の過去形・過去分詞
- ☐ sushi［スーシ］名 すし
- ☐ Mt.［マウント］…山

確認しよう (p.136〜139)

- ☐ year [イア] 名 年，1年(間)
- ☐ went [ウェント] 動 go (行く) の過去形
- ☐ saw [ソー] 動 see (見る) の過去形
- ☐ beautiful [ビューティフル] 形 美しい，きれいな
- ☐ ate [エイト] 動 eat (食べる) の過去形
- ☐ delicious [ディリシャス] 形 とてもおいしい
- ☐ visit(ed) [ヴィズィト〔テド〕] 動 (場所を) 訪れる，見物に行く〔来る〕
- ☐ cross [クロース] 動 渡る
- ☐ night [ナイト] 名 夜，晩

Drill 1 Listen / 2 Repeat / 3 Say 

Ⓐ enjoy a picnic (ピクニックを楽しむ)
Ⓑ use the cleaner (そうじ機を使う)
Ⓒ study history (歴史を勉強する)
Ⓓ drop his wallet (財布を落とす)
Ⓔ eat sushi (ate) (すしを食べる(食べた))
Ⓕ see Mt. Fuji (saw) (富士山を見る(見た))
Ⓖ go to Okinawa (went) (沖縄へ行く(行った))
Ⓗ buy a watch (bought) (腕時計を買う(買った))

〈Repeat する英文〉

Ⓐ Koji enjoyed a picnic last Sunday. (この前の日曜日，耕司はピクニックを楽しみました。)
Ⓑ Koji used the cleaner last Sunday. (この前の日曜日，耕司はそうじ機を使いました。)
Ⓒ Koji studied history last Sunday. (この前の日曜日，耕司は歴史を勉強しました。)
Ⓓ Koji dropped his wallet last Sunday. (この前の日曜日，耕司は財布を落としました。)
Ⓔ Amy ate sushi last Sunday. (この前の日曜日，エイミーはすしを食べました。)
Ⓕ Amy saw Mt. Fuji last Sunday. (この前の日曜日，エイミーは富士山を見ました。)
Ⓖ Amy went to Okinawa last Sunday. (この前の日曜日，エイミーは沖縄へ行きました。)
Ⓗ Amy bought a watch last Sunday. (この前の日曜日，エイミーは腕時計を買いました。)

・扉ページ (教科書p.97)

① What do you see in these pictures? (これらの写真の中に何が見えますか。)
② What do you like about Japan? (あなたは日本の何が好きですか。)

解答例 ① (左上) I see some women in kimono. (着物を着た何人かの女性が見えます。)
(右上) I see sushi. (すしが見えます。)
(左下) I see flowers. (花が見えます。)
(右下) I see *mikoshi*. (おみこしが見えます。)

② I like traditional Japanese festival. (私は伝統的な日本の祭りが好きです。)
I like delicious Japanese food and sweets. (私はおいしい日本の食べ物と甘い菓子が好きです。)

GET Part 2 Discover Japan

—● 過去形を理解し，使おう。

声を出して読んでみよう ♪

●ケイトの旅行記事を見たディヌーが，ケイトと話しています。

Dinu : ❶ Did you enjoy your trip?

Kate : ❷ Yes, I did. ❸ I enjoyed sightseeing (観光，見物) and shopping (買い物). ❹ I bought this.

Dinu : ❺ I saw it on (〔手段・道具〕…で) your blog. ❻ What a pretty scarf!

Kate : ❼ Thanks. ❽ It's not really (実は) a scarf. ❾ It's a *furoshiki*. ❿ I can carry many things in it.

buy「買う」は不規則動詞で，過去形はbought。

「なんてかわいいスカーフでしょう！」という意味の感嘆文。感嘆文では，文末に「！」マークがつく。

「感謝」の意味。Thank you.「ありがとう」のくだけた言い方。

前に出たa *furoshiki*を指している。

⓫ I got this!

POINT ♪

●「…しましたか」(過去の疑問文と応答文)

❶ *Amy enjoyed karaoke last Sunday.*
(エイミーはこの前の日曜日にカラオケを楽しみました。)

❷ **Did Amy enjoy karaoke last Sunday?**
(エイミーはこの前の日曜日にカラオケを楽しみましたか。)

Yes, she did. / No, she did not.
(はい，楽しみました。／いいえ，楽しみませんでした。)

・「～しましたか」と過去のことをたずねるときは，〈Did＋主語＋動詞の原形～?〉で表します。

・答えの文は，〈Yes, 主語＋did.〉か〈No, 主語＋did not.〉となります。did notの短縮形didn'tを使うこともできます。

●「…しませんでした」(過去の否定文)

❸ Amy did not enjoy karaoke last Sunday.
(エイミー ディド ナト インヂョイ カリオウキ ラスト サンデイ)

(エイミーはこの前の日曜日にカラオケを楽しみませんでした。) 〔did not→didn't〕

・「…しませんでした」と否定する文は,〈主語+did not+動詞の原形〜.〉で表します。did notの短縮形didn'tを使うこともできます。

ここがポイント!

❶ Did you enjoy your trip?

・**〈Did+主語+動詞の原形〜?〉**は,過去の疑問文です。
・Yes, I did. またはNo, I did not. で答えます。

本文の意味をつかもう

ディヌー:❶あなたの旅行を楽しみましたか。
ケイト:❷はい,❸私は観光と買い物を楽しみました。❹私はこれを買いました。
ディヌー:❺私はあなたのブログでそれを見ました。❻なんてかわいいスカーフでしょう。
ケイト:❼ありがとう。❽これは実はスカーフではありません。❾それは風呂敷です。❿わたしはそれでたくさんのものを運ぶことができます。
⓫これを手に入れました!

Q&A

What did Kate do on her trip?
(ケイトは旅行で何をしましたか。)

解答例 She enjoyed sightseeing and shopping.
(彼女は観光と買い物を楽しみました。)
She bought a *furoshiki*.
(彼女は風呂敷を買いました。)

Listen ♪

ケイトが先週末に行った京都旅行について,ディヌーと話しています。ケイトがしたことに○,しなかったことに×をつけよう。

①  (　　)
② (　　)
③ (　　)
④ (　　)

Talk & Write

(1) 休日や休暇中にしたことについてペアで話そう。

㊞ *A* : What did you do last Sunday?（この前の日曜日，あなたは何をしましたか。）
B : I went to Wakaba Zoo.（私はわかば動物園へ行きました。）
A : Oh, did you see penguins?（ああ，あなたはペンギンを見ましたか。）
B : Yes, I did. I took many pictures.（はい，見ました。私は多くの写真を撮りました。）

解答例 *A* : What did you do last Saturday?（この前の土曜日，あなたは何をしましたか。）
B : I played soccer in the game.（私は試合でサッカーをしました。）
A : Oh, did you win the game?（ああ，あなたは試合に勝ちましたか。）
B : Yes, I did. I enjoyed it.（はい，勝ちました。私はそれを楽しみました。）

(2) (1)でたずねた質問とその答えを書こう。

㊞ What did you do last Sunday?（この前の日曜日，あなたは何をしましたか。）
— I went to Wakaba Zoo.（私はわかば動物園へ行きました。）

解答例（略）

Word Bank

play in a game　試合に出る　　go to an aquarium　水族館に行く
bake cookies　クッキーを焼く　　hang out　ぶらぶらと過ごす

語句を確かめよう（p.140） 

重要 ☐ did［ディド］動 助 doの過去形
☐ sightseeing［サイトスィーイング］名 観光，見物
☐ blog［ブローグ］名（コンピューター）ブログ《web logの略》
重要 ☐ pretty［プリティ］形 かわいい，きれいな
☐ scarf［スカーフ］名 スカーフ；えり巻き

語句を確かめよう（p.142～143） 

☐ penguin(s)［ペングウィン(ズ)］名 ペンギン
重要 ☐ took［トゥク］動 take（〔交通手段としてと る〕乗る）の過去形
☐ hang［ハング］動 ぶら下げる
重要 ☐ win［ウィン］動 勝つ，受賞する
☐ match［マチ］名 試合
重要 ☐ yesterday［イェスタディ］副 きのう（は）
重要 ☐ ago［アゴウ］副（今から）…前に
重要 ☐ week(s)［ウィーク(ス)］名 週，1週間
☐ Hawaii［ハワイイー］名 ハワイ《地名》

確認しよう（p.142～143）

☐ game［ゲイム］名 試合，競技；〔games〕競技大会
☐ out［アウト］副〔外部への動き〕外へ，外に；〔場所〕外で
☐ bus［バス］名 バス

Drill 1 Listen / 2 Repeat / 3 Say ♪

Ⓐ

enjoy a picnic
（ピクニックを楽しむ）

Ⓑ

win the match
（試合に勝つ）

Ⓒ

go to Hawaii
（ハワイへ行く）

Ⓓ
take a bus
（バスに乗る）

Ⓔ

help her father
（父を手伝う）

Ⓕ

visit Hokkaido
（北海道を訪れる）

ときを表す語

yesterday（きのう）
two days ago（2日前）
two weeks ago（2週間前）
two years ago（2年前）
last week（先週）
last month（先月）
this morning（今朝）

〈Repeat する英文〉

Ⓐ Did Tom enjoy a picnic last Sunday?
（この前の日曜日，トムはピクニックを楽しみましたか。）

Ⓑ Did Tom win the match last Sunday?（この前の日曜日，トムは試合に勝ちましたか。）

Ⓒ Did Tom go to Hawaii last Sunday?（この前の日曜日，トムはハワイへ行きましたか。）

Ⓓ Did Miki take a bus last Sunday?（この前の日曜日，美紀はバスに乗りましたか。）

Ⓔ Did Miki help her father last Sunday?
（この前の日曜日，美紀はお父さんを手伝いましたか。）

Ⓕ Did Miki visit Hokkaido last Sunday?（この前の日曜日，美紀は北海道を訪れましたか。）

Ⓐ Tom did not enjoy a picnic last Sunday.
（この前の日曜日，トムはピクニックを楽しみませんでした。）

Ⓑ Tom did not win the match last Sunday.（この前の日曜日，トムは試合に勝ちませんでした。）

Ⓒ Tom did not go to Hawaii last Sunday.（この前の日曜日，トムはハワイへ行きませんでした。）

Ⓓ Miki did not take a bus last Sunday.（この前の日曜日，美紀はバスに乗りませんでした。）

Ⓔ Miki did not help her father last Sunday.
（この前の日曜日，美紀はお父さんを手伝いませんでした。）

Ⓕ Miki did not visit Hokkaido last Sunday.
（この前の日曜日，美紀は北海道を訪れませんでした。）

SETTING ケイトが日本に来て，1年間で最も印象に残った2つの旅行について，新しい記事をブログに投稿しました。

声を出して読んでみよう ♪

❶ August 1

❷ Fireworks in Nagaoka

① ❸ I visited a friend in Nagaoka, Niigata. ❹ We went to a fireworks festival.

> 県名と都市名を続けて書く場合は，〈都市名，県名〉で表す。「新潟県長岡市」。

> 「花火大会」という意味。fireworkは，fireworksと複数形にして使う。

② ❺ The festival started with (…とともに) three white fireworks. ❻ My friend said, "In August 1945, many people here died in the war. ❼ With these fireworks, we remember them and pray for peace." ❽ I didn't know that. ❾ The fireworks touched my heart.

> 「ここにいる〔いた〕多くの人々」という意味。hereは名詞のすぐあとに置いて「ここにいる～」を表す。

> 前に出たmany people here (died in the war)「(戦争で亡くなった)ここにいた多くの人々」を指す。

❿ October 10

⓫ Trip to Takamatsu

③ ⓬ My family took a trip to Takamatsu, Kagawa.

> 「香川県高松市」。

④ ⓭ We went to Konpira-san. ⓮ My brother and I climbed all (すべての(形容詞)) 1,368 steps. ⓯ My parents waited in a sweet shop.

> ⓬で出たmy family「私の家族」を指す。

> one thousand three hundred and sixty-eightと読む。

> 「菓子屋」という意味。sweetは「甘い菓子」を表す名詞。

⑤ ⓰ Then (そのあとで) we all (すべての人(代名詞)) joined an *udon* class. ⓱ *Udon* is like spaghetti, ⓲ but *udon* is soft and thick. ⓳ I made it for the first time. ⓴ I liked the taste.

> このlikeは「…のような」という意味を表す前置詞。

STAGE 1 Get Ready 記事を読む前に確認しよう。

(1) あなたが国内で行ったことがある場所や，行ってみたい場所について話そう。

解答例 大阪に行きたい。

(2) 旅行先でどんなことをしたいか話そう。

解答例 ・遊園地に行ったり，買い物をしたりしたい。
・本場のたこ焼きやお好み焼きを食べたい。

STAGE 2 Read 記事の概要(がい)をとらえよう。

Guide 1

ケイトはどこに行ったときのことを書いていますか。

1つめの場所：＿＿＿＿＿＿＿＿

2つめの場所：＿＿＿＿＿＿＿＿

解答例

1つめの場所： 新潟県長岡市

2つめの場所： 香川県高松市

Guide 2

(1) 1つめの場所でケイトがしたことに下線を引こう。

(2) 2つめの場所でケイトがしたことに波線を引こう。

(3) ケイトの気持ちや感想が書かれている文に二重線を引こう。

解答例 (1) ❸ I visited a friend in Nagaoka, Niigata.（私は，新潟県の長岡市の友だちを訪ねました。）
❹ We went to a fireworks festival.（私たちは，花火大会へ行きました。）

(2) ⓭ We went to Konpira-san.（私たちは金比羅さんに行きました。）
⓮ My brother and I climbed all 1,368 steps.
（私の弟と私は全部で 1,368 段の階段を上りました。）
⓰ we all joined an *udon* class（私たちはみんなでうどん教室に参加しました）
⓳ I made it for the first time.（私は初めてうどんを作りました。）

(3) ❾ The fireworks touched my heart.（その花火は私を感動させました。）
⓴ I liked the taste.（私はうどんの味が気に入りました。）

Goal 記事の概要を表にまとめよう。

解答例

どこで	何をした
Nagaoka, Niigata （新潟県長岡市）	- Kate visited a friend in Nagaoka. （ケイトは長岡の友だちを訪ねました。） - Kate went to a fireworks festival with her friend. （ケイトは友だちと花火大会に行きました。）
Takamatsu, Kagawa （香川県高松市）	- Kate went to Konpira-san and climbed 1,368 steps. （ケイトは金比羅さんへ行って1,368段の階段を登りました。） - Kate joined an *udon class* with her family. She made *udon* for the first time. （ケイトは家族とうどん教室に参加しました。彼女は初めてうどんを作りました。）

STAGE 3 Think & Write

感想や質問など，ケイトのブログにコメントを書こう。

解答例 I didn't know the story of the fireworks festival. Your blog touched my heart. Did you enjoy the *udon* class?
（私は花火大会の話を知りませんでした。あなたのブログは私を感動させました。あなたはうどん教室を楽しみましたか。）

本文の意味をつかもう

❶8月1日

❷「長岡の花火」

①❸私は，新潟県の長岡市の友だちを訪ねました。❹私たちは，花火大会へ行きました。

②❺そのお祭りは3つの白い花火で始まりました。❻友だちは，「1945年8月に，この地域の多くの人々が戦争で死んだんだ。❼これらの花火で，私たちは彼らのことを思い出し，そして平和を祈るんだよ」と言いました。❽私はそれを知りませんでした。❾その花火は私を感動させました。

❿10月10日

⓫「高松への旅行」

③⓬私の家族は香川県の高松市へ旅行しました。

④⓭私たちは金比羅さんに行きました。⓮私の弟と私は全部で1,368段の階段を上りました。⓯両親は，甘味処で待っていました。

⑤⓰それから，私たちはみんなでうどん教室に参加しました。⓱うどんはスパゲッティーのようですが，⓲柔らかくて太いのです。⓳私は初めてうどんを作りました。⓴私はうどんの味が気に入りました。

Tips for Reading

「誰が」「どこで」「何を」したのか注意しながら読もう。

☑ Check

●次の語句は何を指していますか。that（❽），we（⓰）

解答例
that（❽）：花火が戦争で亡くなった人を思い出し，平和を祈念するものであること。（❻, ❼）
we　（⓰）：ケイトの家族（両親と兄弟）（⓬, ⓮, ⓯）

語句を確かめよう（p.144） 

- 重要 ☐ said ［セド］ 動 say（言う）の過去形
- 重要 ☐ say［セイ］動 言う
- 重要 ☐ die(d)［ダイ（ド）］動 死ぬ
- ☐ war［ウォー］名 戦争
- 重要 ☐ remember［リメンバ］動 思い出す
- ☐ pray［プレイ］動 祈る
- ☐ peace［ピース］名 平和
- ☐ *touch one's heart* 感動させる
- ☐ *take a trip to ...* …へ旅行する
- 重要 ☐ all［オール］形 すべての 代 すべての人
- ☐ step(s)［ステプ（ス）］名 階段
- 重要 ☐ wait(ed)［ウェイト〔テド〕］動 待つ
- ☐ thick［スィク］形 太い
- 重要 ☐ made［メイド］動 make（作る）の過去形
- ☐ *for the first time* 初めて

確認しよう （p.144）

- ☐ heart［ハート］名 心臓；心
- ☐ shop［シャプ］名 小売店，店

思い出を絵日記に書こう

海外の新聞社The Crown Newsが募(ぼ)集している絵日記コンテストに応募することになりました。今年一番思い出に残ったできごとを1つ選んで絵日記を書こう。

Check 設定を確認しよう。

(何のために) 絵日記コンテストに応募するために

(何について)

(何をする)

1. Follow the Steps 花が絵日記を書いています。どんなことを考えながら書いているか確認しよう。

Step 1  内容を考える

思い出
- □ 春：お花見
- □ 夏：おばあちゃんの家
- □ 夏：花火大会
- □ 秋：球技大会

夏：おばあちゃんの家

できごと①：海	できごと②：夏祭り
□ いとこと海で泳いだ □ 海の家で焼きそばを食べた □ サーフィンに初挑戦 →おじさんが教えてくれた □ 砂で大きなお城を作った	□ 近くのお祭りに行った □ 今年もおみこしをかついだ □ ヨーヨー釣(つ)りをした □ 大きなかき氷を食べた

花のひとりごと

What is my best memory of this year?
季節ごとにしたことを思い出そう。やっぱり夏休みが一番楽しかったな。

What can I say about it?
いつ，どこで，何を，誰とした かを意識して書けばいいのかな。

Step 2  考えを整理する

Opening	思い出	summer, my grandmother's house (夏，おばあちゃんの家)
Body	具体的なできごと	- with my cousins, swam in the sea (いとこと，海で泳いだ) - tried surfing, for the first time, uncle taught it to me (サーフィンを試した，初めて，おじさんが私に教えてくれた) - went to the festival (お祭りに行った)
Closing	ひとこと	I enjoyed the vacation very much. (私は休みをとても楽しんだ。)

花のひとりごと

What can I write?
特に印象的だったできごとについて書こう。あと，最後に何かひとこと付け加えた方がよさそう。感想を書いたらいいかな。

How can I write?
「初挑戦」「初めて体験した」ってなんて言えばいいんだろう。first try かな？ 辞書を引いてみよう…。"for the first time"が使えそう。

Q Step 1の日本語のメモのうち，Step 2で花が取り上げたものにチェック☑しよう。

解答 思い出　夏：おばあちゃんの家
できごと①：海　いとこと海で泳いだ
サーフィンに初挑戦
できごと②：夏祭り　近くのお祭りに行った

Step 3 文章を書く

The Crown News　Picture Diary Contest

Title
My Best Memory

Name
Tanaka Hana

This summer I visited my grandmother's house. I swam in the sea with my cousins. I tried surfing for the first time. My uncle taught it to me. I also went to a festival. I enjoyed the vacation very much.

ザ・クラウンニュース　絵日記コンテスト
題名　私の最高の思い出　名前　田中　花
この夏，私はおばあちゃんの家を訪れました。私はいとこと海で泳ぎました。私は初めてサーフィンを試しました。私のおじが私に教えてくれました。私はお祭りにも行きました。私は休みをとても楽しみました。

Now, let's write!
・2つのできごとについて書くときは，2つめの文には also を入れよう。
・タイトルは My Best Memory にしよう。

Q Step 3の英文のうち，Opening, Body, Closing はどの部分ですか。／で区切ろう。

解答 Opening: This summer I visited my grandmother's house.
Body: I swam in the sea with my cousins. I tried surfing for the first time. My uncle taught it to me. I also went to a festival.
Closing: I enjoyed the vacation very much.

語句を確かめよう (p.148)

- ☐ cousin(s) [カズン(ズ)] 名 いとこ
- 重要 ☐ swam [スワム] 動 swim (泳ぐ) の過去形
- ☐ uncle [アンクル] 名 おじ
- 重要 ☐ taught [トート] 動 teach (教える) の過去形・過去分詞

確認しよう (p.148)

- ☐ house [ハウス] 名 家，住宅
- ☐ try [トライ] 動 (いいかどうかを) 試す，試みる
- ☐ best [ベスト] 形 最もよい，最高の《good (よい)，well (健康である) の最上級》

2. Work in Class クラスやグループで協力して書こう。

Step 1 内容を考える

思い出
□
□
□
□

（　　　　）

できごと①
□
□
□

できごと②
□
□
□

解答例

思い出
□春：中学校入学
□春：横浜への遠足
□夏：遊園地
□冬：クリスマスパーティー

春：横浜への遠足

できごと①
□中華街へ行った
□ラーメンを食べた
□たくさん店があった

できごと②
□みなと博物館に行った
□たくさんの店を見た
□横浜の歴史を学んだ

Step 2 考えを整理する

Opening	思い出	
Body	(　　　)	
Closing	ひとこと	

解答例

Opening	思い出	Trip to Yokohama（横浜への旅行）
Body	(具体的なできごと)	I went to Yokohama with my friends. We visited Chinatown. I ate Chinese noodles in a Chinese restaurant. I also went to Minato museum. I learned history of Yokohama.（私は友だちと横浜へ行きました。私たちは中華街を訪れました。私は中華料理店で中華めんを食べました。私はみなと博物館へも行きました。私は横浜の歴史を学びました。）
Closing	ひとこと	I had a wonderful time.（私はすばらしい時間をすごしました。）

Step 3 文章を書く

解答例 Trip to Yokohama

I went to Yokohama with my friends. We visited Chinatown. I ate Chinese noodles in a Chinese restaurant. I also went to Minato museum. I learned history of Yokohama. I had a wonderful time.

横浜への旅行

私は友だちと横浜へ行きました。私たちは中華街を訪れました。私は中華料理店で中華めんを食べました。私はみなと博物館へも行きました。私は横浜の歴史を学びました。私はすばらしい時間をすごしました。

3. Write by Yourself

あなたが一番思い出に残ったできごとを絵日記に書こう。

解答例 Trip to Hakone

I went to Hakone with my family. We visited 'The Hakone Open-Air Museum'. I saw many wonderful art works. I also enjoyed *onsen*. I ate a delicious dinner. I had a wonderful time.

箱根への旅行

私は家族と箱根へ行きました。私たちは「箱根彫刻の森美術館」を訪れました。私は多くのすばらしい芸術作品を見ました。私は温泉も楽しみました。私はとてもおいしい夕食を食べました。私はすばらしい時間をすごしました。

Idea Box

【できごと】

entrance ceremony 入学式　see the cherry blossoms 桜を見る
fireworks festival 花火大会　eat shaved ice かき氷を食べる
make rice cakes もちを作る　visit a shrine 神社を訪れる
birthday party 誕生パーティー
have a barbecue バーベキューを開く
go to an amusement park 遊園地に行く
hang out with ... …とぶらぶらと過ごす

【季節】

spring 春　summer 夏　autumn / fall 秋　winter 冬
during the vacation 休暇(か)中に　on New Year's Day 元日に

Take Action! ボイスメッセージ

聞き手が必要な情報を聞き取る

クラスメイトのリサの誕生日パーティーをすることになりました。パーティーの打ち合わせに参加できなかった夏海に，友だちからボイスメッセージが送られてきました。

Expressions

birthday card 誕生祝いのカード
paper cup 紙コップ
paper plate 紙皿
in charge of ... …の担当
already すでに

STAGE 1 Get Ready

1. どんなときにボイスメッセージを録音すると思いますか。
2. 右のExpressionsを参考に，ボイスメッセージで使われる表現を確認しよう。

STAGE 2 Listen

1st Listening

ボイスメッセージを聞いて，夏海がすることをまとめよう。

- 役割：＿＿＿＿＿＿＿＿係
- すること：
  - ・＿＿＿＿＿＿＿＿
  - ・＿＿＿＿＿＿＿＿
- パーティーの集合場所と時間：＿＿＿＿＿＿＿＿

2nd Listening 聞き取れなかった部分に注意しながら，もう一度聞いてみよう。

3rd Listening 巻末の**Audio Scripts**を見ながら音声を確認しよう。（スクリプトはp. 222）

STAGE 3 Think & Act

あなたが夏海なら，頼まれたもの以外に何を持っていきますか。

・部屋の飾り付けで使えそうなもの
・トランプ（cards）やボードゲーム（board games）など，複数人で遊べるもの

BONUS STAGE

別のボイスメッセージを聞いてみよう。（スクリプトはp.224）

語句を確かめよう（p.152）

重要 ☐ paper［ペイパ］名 紙 形 紙で作った，紙の
☐ plate［プレイト］名（浅くて丸い）皿
☐ charge［チャーヂ］名 受け持ち，責任
重要 ☐ already［オールレディ］副 すでに，もう

確認しよう（p.152）

☐ card［カード］名（ゲーム用）カード・トランプの札；（あいさつ・お祝いなどの）カード
☐ cup［カプ］名 茶わん，カップ

Take Action! Talk 4

ABC ケーキはどこですか

道順をたずねる　道順を説明する

Skit 道に迷っている海外からの旅行者に，花が道案内をしています。 

Man

❶ Excuse me.（イクスキューズ ミー）

❷ How can I get to ABC cake shop?（ハウ キャン アイ ゲト トゥー ケイク シャプ）

Hana

❸ Um, go straight on this street.（アム ゴウ ストレイト オン ズィス ストリート）

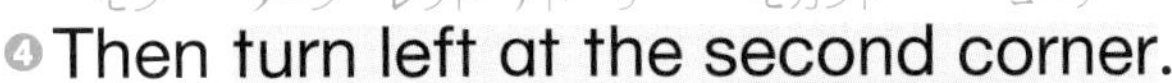

❹ Then turn left at the second corner.（ゼン ターン レフト アト ザ セカンド コーナ）

❺ Turn left at the second corner.

❻ Yes.（イェス） ❼ It's on your right.（イツ ユア ライト）

❽ I see.（スィー） ❾ Thank you.（サンキュー）

男性：❶すみません。❷ABCケーキ店にはどのように行ったらよいですか。
花　：❸うーん，この道をまっすぐ行ってください。
　　　❹それから２番目の角を左に曲がってください。
男性：❺２番目の角を左に曲がる。
花　：❻そうです。❼右側にあります。
男性：❽わかりました。❾ありがとう。

Expressions

道順をたずねる

How can I get to ...?
（…へはどのように行ったらよいですか。）

Where's ...? （…はどこですか。）

道順を説明する

go straight （まっすぐ行く）

turn left [right] at ...
（…を左〔右〕に曲がる）

It's on your right [left].
（右側〔左側〕にあります。）

Work in Pairs

1. 上のスキットをペアで演じてみよう。
2. 巻末のロールプレイシートを使って，A・Bの役割をペアで演じてみよう。

解答例 A: Excuse me. How can I get to Wakaba Zoo?
（すみません。わかば動物園にはどのように行ったらよいですか。）
B: Um, go straight on this street. Then turn right at the third corner.
（うーん，この道をまっすぐ行ってください。それから３番目の角を右に曲がってください。）
A: Turn right at the third corner.（３番目の角を右に曲がる。）
B: Yes. It's on your left.（そうです。左側にあります。）
A: I see. Thank you.（わかりました。ありがとう。）

語句を確かめよう（p.153） 

重要 ☐ excuse [イクスキューズ] 動 許す
☐ *Excuse me.* すみません
☑ um [アム] 間 うーん
☑ where's where is の短縮形

確認しよう（p.153）

☐ straight [ストレイト] 副 まっすぐに
☐ turn [ターン] 動 向きを変える，曲がる
☐ left [レフト] 副 左へ，左の方へ 名 左，左側
☐ corner [コーナ] 名（曲がり）角，すみ
☐ right [ライト] 副 右へ，右側
☐ where [（ホ）ウェア] 副 どこに，どこへ，どこで

文法のまとめ ⑥

過去形(一般動詞)を確認しよう。

過去の文

◆「…しました」と過去のことをいうときは，動詞を過去形にします。

		主語		一般動詞
肯定文		Amy		enjoyed karaoke last Sunday. 動詞の原形に ed をつける (エイミーはこの前の日曜日カラオケを楽しみました。)
疑問文 応答文	Did 文の最初に Did	Amy		enjoy karaoke last Sunday? 動詞は原形(もとの形) (エイミーはこの前の日曜日カラオケを楽しみましたか。) — Yes, she did. / No, she did not. did を使って答える　短縮形は didn't (はい，楽しみました。/ いいえ，楽しみませんでした。)
否定文		Amy	did not 動詞の前に did not[didn't]	enjoy karaoke last Sunday. 動詞は原形(もとの形) (エイミーはこの前の日曜日カラオケを楽しみませんでした。)

◆規則動詞は，動詞の原形に (e)d をつけて過去形をつくります。

(e)d のつけ方

ed をつける(ほとんどの動詞)	play → played
d をつける(e で終わる動詞)	use → used
y を i にかえて ed をつける	study → studied
語尾の 1 字を重ねて ed をつける	drop → dropped

・〈強く発音する短い母音＋子音字〉で終わる動詞は，語尾の 1 文字を重ねて ed をつけます。

Drill 1

日本語の意味に合うように，(　　)に適する語を入れましょう。

1. I (　　) English last Sunday. (私はこの前の日曜日に英語を勉強しました。)
2. (　　) Amy (　　) her mother yesterday? (エイミーは昨日母親を手伝いましたか。)
3. He (　　)(　　) pizza this morning. (彼は今朝ピザを食べませんでした。)

Drill 2

次の文を過去の文に書きかえて，日本語の意味に合うようにしましょう。

1. We go to Okinawa. (私たちはこの前の夏に沖縄に行きました。)
2. Does Ryota drink tea? (良太は2日前にお茶を飲みましたか。)
3. She doesn't listen to music. (彼女は昨夜音楽を聞きませんでした。)

英語のしくみ

いろいろな疑問文③

[honey はちみつ]

[go back 帰る]

①あの男の子はだれですか。
②彼は桃太郎です。
③あなたはいくつの帽子を持っていますか。
④私は５つ持っています。
⑤これはだれのくつですか。
⑥それは私のものです。
⑦あなたは何を持っていますか。
⑧私は玉手箱を持っています。
⑨あなたはどんな食べ物が好きですか。
⑩私ははちみつが好きです。
⑪あなたは，大きな箱か小さな箱のどちらがほしいですか。
⑫私は小さな箱がほしいです。
⑬あなたはどこへ行くところですか。
⑭私は月に帰るところです。

教科書 109ページ

Reading for Information 2 観光マップ

Welcome to Wakaba City

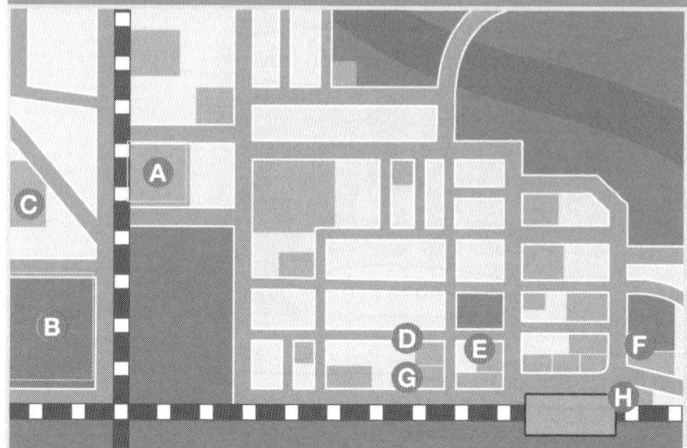

Ⓐ Wakaba Park Museum
OPEN: 10:00 a.m. – 5:00 p.m.
CLOSED: Sunday
Exhibitions: Garden and Flowers
Tickets: Adult / ¥300, Child / ¥100
Under 5 years old / FREE

Ⓑ Wakaba Shrine
OPEN: 6:00 a.m. – 4:30 p.m.

Ⓒ Wakaba Manga Library
OPEN: 10:00 a.m. – 6:00 p.m.

Ⓓ Sushi Yotsuba
OPEN: Noon – 11:00 p.m.
CLOSED: Saturday / Sunday
Enjoy fresh and delicious fish.
We have vegetarian dishes, too.
English menu available.

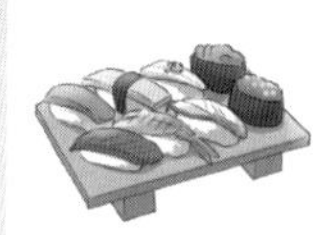

Ⓔ Kitchen Wakaba
LUNCH: 11:00 a.m. – 2:30 p.m.
DINNER: 5:00 p.m. – 10:00 p.m.
CLOSED: National holidays
We have pasta and pizza with organic vegetables.

Ⓕ Tonkichi Wakaba
OPEN: 11:00 a.m. – Midnight
CLOSED: Monday
We only have two dishes: *Tonkatsu* and *Katsudon*.
Delivery / Takeout

Ⓖ Cafe Wakaba
OPEN: 7:00 a.m. – 8:00 p.m.

Ⓗ Flower Bakery
OPEN: 8:00 a.m. – 4:00 p.m.

Ⓐ わかば公園博物館
営業時間：午前 10 時－午後 5 時　閉館：日曜日　展示：庭と花　チケット：大人 /300 円，子ども /100 円　5 歳以下 / 無料

Ⓑ わかば神社
営業時間：午前 6 時－午後 4 時半

Ⓒ わかば漫画図書館
営業時間：午前 10 時－午後 6 時

Ⓓ 寿司よつば
営業時間：正午－午後 11 時　閉店：土曜日 / 日曜日　新鮮でおいしい魚介類を楽しんでください。ベジタリアンの料理もあります。英語のメニューも利用可能です。

Ⓔ キッチンわかば
ランチ：午前 11 時－午後 2 時半　ディナー：午後 5 時－午後 10 時　閉店：国民の祝日　有機農法の野菜を使ったパスタやピザがあります。

Ⓕ トンキチわかば
営業時間：午前 11 時－深夜　閉店：月曜日　料理は 2 つのみです。とんかつとかつどんです。配達 / 持ち帰り

Ⓖ カフェわかば
営業時間：午前 7 時－午後 8 時

Ⓗ フラワーベーカリー
営業時間：午前 8 時－午後 4 時

あなたは，日曜日にわかば駅で英語ボランティアをしています。観光マップと①～④の人物の情報を読んで，誰(だれ)に，どの場所をおすすめしたらよいか考えよう。

① **話しかけた時刻：　午前**
- 観光で訪れている
- 散歩する場所を探している
- 歴史的な建物に興味がある

② **話しかけた時刻：　正午**
- 昼ごはんを食べるお店を探している
- 日本食を食べたい
- 豚肉が食べられない

③ **話しかけた時刻：　午後 1 時**
- 昼ごはんは食べ終えた
- 時間をつぶせる場所を探している
- 午後 3 時発の電車に乗る予定

④ **話しかけた時刻：　午後 4 時 30 分**
- 夜ごはんを食べるお店を探している
- 洋食を食べたい
- 軽食でもよい

解答例
① Wakaba Shrine　（わかば神社）
歴史的な建物に興味があって観光がしたいのなら，日本の伝統的である神社がおすすめ。
② Sushi Yotsuba　（寿司よつば）
ランチタイムに営業している店で，日本食といえばとんかつなどだが，豚肉が食べられないのでおすしがおすすめ。
③ Cafe Wakaba　（カフェわかば）
軽食程度がよさそう。午後3時発の電車に乗るのであれば，近くのこのカフェがおすすめ。
④ Kitchen Wakaba / Cafe Wakaba　（キッチンわかば / カフェわかば）
「キッチンわかば」は開店まで 30 分程度かかる。「カフェわかば」は洋食メニューがあるかの確認が必要。

(p. 156)

open （店）を開ける　closed 閉店して　exhibition 展示　garden 庭　adult 大人　child 子ども　noon 正午　vegetarian ベジタリアン　menu メニュー　available 利用可能な　national holiday 国民の祝日　pasta パスタ　organic 有機農法の　delivery 配達　cafe カフェ　bakery パン店

英語のタウンガイドを作ろう

学校の英語版ウェブサイトで，自分たちの町の魅力(みりょく)を発信することになりました。おすすめの場所を調べて，タウンガイドを作ろう。

Check 設定を確認しよう。

（何のために） 英語版ウェブサイトで町の魅力を発信するために

（何について）

（何をする）

1. Read & Write

ケイトたちが作ったタウンガイドを読んで，おすすめの場所とその理由を整理しよう。

① Wakaba Shrine

It is a very old shrine. The shrine is famous for its good luck charms. Many people visit the shrine on New Year's Day. Enjoy delicious tea at a shop next to it.

② Wakaba Bakery

You can enjoy many kinds of bread. This bakery's melon bread is famous. You can eat inside the shop. Please visit it for lunch and delicious snacks.

③ Wakaba Park

It is a very big park. You can walk in a Japanese-style garden. It is calm and beautiful. You can see lovely cherry blossoms in the spring.

④ Sushi Yotsuba

Many people in Wakaba City go here for sushi. The shop has fresh fish every day! Its rice comes from local farmers. Its *dashimaki* is also very popular. Try it!

① わかば神社 とても古い神社です。この神社は幸運のお守りで有名です。元日にはたくさんの人が神社を訪れます。隣のお店でおいしいお茶を楽しんでください。	② わかばベーカリー たくさんの種類のパンが楽しめます。このパン店のメロンパンは有名です。お店の中でパンを食べることができます。ぜひ，ランチやおいしい軽食を食べに訪れてください。
③ わかば公園 とても広い公園です。日本庭園の中を歩くことができます。静かで美しいです。春には美しい桜を見ることができますよ。	④ 寿司よつば わかば市に住むたくさんの人がお寿司を食べにここに来ます。毎日，新鮮な魚があります！ お米は地域の農家から仕入れています。だし巻きもとても人気です。食べてみてください！

Good Spots for Visitors	Good Points

解答例

Good Spots for Visitors （訪問者にとってよい場所）	Good Points （よい点）
Wakaba Shrine（わかば神社）	a very old shrine, famous for good luck charms, delicious tea at a shop next to it （とても古い神社，「お守り」で有名，隣の店のおいしいお茶）
Wakaba Bakery（わかばベーカリー）	can enjoy many kinds of bread, melon bread is famous, can eat inside the shop （たくさんの種類のパンを楽しめる，メロンパンが有名，店の中で食べることができる）
Wakaba Park（わかば公園）	a very big park, can walk in a Japanese-style garden, the garden is calm and beautiful, can see lovely cherry blossoms in the spring （とても大きな公園，日本庭園を散策できる，庭は静かで美しい，春には美しい桜を見ることができる）
Sushi Yotsuba（寿司よつば）	has fresh fish every day, rice comes from local farmers, *dashimaki* is very popular （毎日新鮮な魚がある，地元の農家の米，だし巻きがとても人気）

2. Think & Talk ペアやグループでおすすめの場所を考えよう。

(1) おすすめの場所について話し合おう。

例 *A:* Where is a good spot for visitors?（訪問者にとってよい場所はどこですか。）
B: Ah, Wakaba Shrine is a good spot for visitors.
（ああ，わかば神社が訪問者にとってよい場所です。）
A: What can they do there?（彼らはそこで何ができますか。）
B: They can get good luck charms.（おみくじを手に入れることができます。）

(2) 出た案の中から，紹介(しょうかい)する場所を決めよう。

Good Spots for Visitors	Good Points

解答例

Good Spots for Visitors（訪問者にとってよい場所）	Good Points（よい点）
Wakaba Aquarium（わかば水族館）	a wonderful aquarium, can see many fish, see sea animals, many children and parents visit there（すばらしい水族館，多くの魚を見ることができる，海洋動物を見られる，多くの子どもと親がそこを訪れる）

語句を確かめよう (p. 158)

重要 ☐ its [イッ] 代 その，それの《itの所有格》
☐ charm(s) [チャーム(ズ)] 名 お守り
☐ bakery [ベイカリ] 名 パン店
重要 ☐ kind(s) [カインド〔ヅ〕] 名 種類
重要 ☐ inside [インサイド] 前 …の内部に
重要 ☐ garden [ガードン] 名 庭；庭園；畑；菜園
☐ calm [カーム] 形 穏やかな，静かな
☐ blossom(s) [ブラソム(ズ)] 名〔特に果樹の〕花
重要 ☐ local [ロウカル] 形 地域の，その地方の
☐ New Year's Day 名 元日
☐ Japanese-style 形 日本式の

確認しよう (p. 158)

☐ tea [ティー] 名 茶，(特に) 紅茶
☐ fish [フィシュ] 名 魚《ふつうは単数も複数も同じ形》

3. Write ペアやグループでタウンガイドを作ろう。

(1) 分担して原稿(こう)を書こう。
(2) 書いた原稿を確認しよう。
(3) 地図などを使って，わかりやすいようにレイアウトしよう。

解答例

① Wakaba Aquarium

It is a wonderful aquarium. You can see many fish. You can also see sea animals. They are cute and lovely. Many children and parents visit there during the weekend.

わかば水族館

それはすばらしい水族館です。多くの魚を見ることができます。海洋動物も見られます。それらはかわいくて愛らしいです。多くの子どもと両親が，週末の間そこを訪れます。

② Wakaba Museum

The museum is a beautiful building. It has many famous paintings. It is famous for art works of local people. You can also study the history of Wakaba City.

わかば美術館

その美術館は美しい建物です。多くの有名な絵画があります。地元の人々の芸術作品で有名です。わかば市の歴史を勉強することもできます。

③ Cafe Wakaba

You can enjoy many kinds of coffee and tea. You can also eat delicious sweets. It is famous for Special Wakaba Burger. It is open from ten to nine.

カフェわかば

多くの種類のコーヒーとお茶を楽しむことができます。とてもおいしい甘味を食べることもできます。「スペシャルわかばバーガー」で有名です。10 時から 9 時まで開いています。

④ Wakaba Stadium

It is a big stadium. You can play baseball, softball, soccer, and rugby. Many people in Wakaba City go to the stadium for sporting events. You can also enjoy a music concert there.

わかば競技場

大きな競技場です。野球，ソフトボール，サッカーやラグビーができます。わかば市の多くの人々がスポーツ行事でその競技場へ行きます。音楽コンサートもそこで楽しむことができます。

Idea Box

【場所】

aquarium 水族館　bookstore 書店　bridge 橋　cafe カフェ　garden 庭園
museum 美術館，博物館　post office 郵便局　restaurant レストラン　shrine 神社
stadium 競技場　supermarket スーパー　temple 寺　train station 駅

【季節・時期】

spring 春　summer 夏　autumn / fall 秋　winter 冬
during the weekend 週末の間に　on New Year's Day 元日に　every year 毎年

【くわしい説明】

It is famous for .... …で有名です。　You can enjoy .... …を楽しむことができます。
The store is open from ten to five. そのお店は10時から5時まで営業しています。
You can only buy it here. ここでしか買うことができない。

定期テスト対策 2（Lesson4~6）

合計 /100

1 次の英語は日本語に，日本語は英語になおしなさい。 （2点×6）

(1) teach ＿＿＿＿＿　(2) class ＿＿＿＿＿　(3) sightseeing ＿＿＿＿＿

(4) きのう(は) ＿＿＿＿＿　(5) 眠る ＿＿＿＿＿　(6) 家族 ＿＿＿＿＿

2 日本語に合うように，＿＿に適切な語を書きなさい。 （3点×4）

(1) 私たちは今，カレーを作っています。

We ＿＿＿＿＿ ＿＿＿＿＿ curry now.

(2) ケイトは先月，沖縄に行きました。

Kate ＿＿＿＿＿ to Okinawa last month.

(3) 絵美はテレビを見ますか。― はい，見ます。

＿＿＿＿＿ Emi ＿＿＿＿＿ TV? ― Yes, she does.

(4) 彼は今，泳いでいません。

He ＿＿＿＿＿ ＿＿＿＿＿ now.

3 次の文を指示に従って書きかえるとき，＿＿に適切な語を書きなさい。 （3点×5）

(1) I teach English. （下線部をMy fatherにかえて）

My father ＿＿＿＿＿ English.

(2) Koji eats breakfast. （文末にthis morningを加えて過去の文に）

Koji ＿＿＿＿＿ breakfast this morning.

(3) I don't listen to music. （文末にnowを加えて現在進行形の文に）

I ＿＿＿＿＿ ＿＿＿＿＿ ＿＿＿＿＿ to music now.

(4) You saw temples in Kyoto last week. （疑問文に）

＿＿＿＿＿ you ＿＿＿＿＿ temples in Kyoto last week?

(5) He is using the computer now. （下線部をたずねる文に）

＿＿＿＿＿ is he ＿＿＿＿＿ now?

4 日本語に合うように，(　　)内の語(句)を並べかえなさい。ただし，文頭にくる語は大文字で始めること。 （5点×5）

(1) 私の妹は昨夜，ピザを食べました。(pizza / my sister / last / ate / night).

＿＿＿＿＿＿＿＿＿＿＿＿＿＿＿＿＿＿＿＿.

(2) 私は今，自分の部屋を掃除しています。(my room / I'm / now / cleaning).

＿＿＿＿＿＿＿＿＿＿＿＿＿＿＿＿＿＿＿＿.

(3) 和也はしばしば野球をします。(plays / often / baseball / Kazuya).

＿＿＿＿＿＿＿＿＿＿＿＿＿＿＿＿＿＿＿＿.

(4) 彼女は毎日英語を勉強しますか。(English / she / does / study) every day?

＿＿＿＿＿＿＿＿＿＿＿＿＿＿＿＿＿＿＿＿ every day?

(5) なんと大きな木でしょう！ (a / tree / what / big)!

＿＿＿＿＿＿＿＿＿＿＿＿＿＿＿＿＿＿＿＿!

5 次の対話文を読んで，あとの問いに答えなさい。（4点×4）

Hana: Are these students eating lunch?

Mark: Yes, ①they are. Some students bring lunch from home. Others buy lunch at the cafeteria.

Hana: What is the boy ②(eat)?

Mark: He's eating ③a taco. It's a popular food from Mexico.

⑴ 下線部①が指す内容を本文から２語で抜き出しなさい。

＿＿＿＿＿＿＿＿ ＿＿＿＿＿＿＿＿

⑵ ②の（　　）の語を正しい形に書きかえなさい。

＿＿＿＿＿＿＿＿

⑶ 本文の内容をまとめた次の文の（　　）に入れる適切な日本語を書きなさい。

・生徒のなかには，（　　　　　　　　）から昼食を持ってくる人もいれば，カフェテリアで（　　　　　　　　）を買う人もいる。

⑷ 下線部③の説明として適切なものを次から選んで，記号を○でかこみなさい。

ア　日本の伝統料理　　イ　メキシコで一般的な食べ物　　ウ　花の学校の給食　　エ　マークの朝食

6 次の⑴，⑵について説明する英文を，あなた自身の立場で１つずつ書きなさい。（10点×2）

⑴ 自分がきのうしたことを説明する文。

＿＿＿＿＿＿＿＿＿＿＿＿＿＿＿＿＿＿＿＿＿＿＿＿

⑵ 自分の家族が今していることを説明する文。

＿＿＿＿＿＿＿＿＿＿＿＿＿＿＿＿＿＿＿＿＿＿＿＿

教科書 113～115ページ

GET Part 1 Wheelchair Basketball

―● 過去の状態「…でした」の表し方を覚えよう。

● 声を出して読んでみよう ♪

●マークは海外に住む姉のメアリーに送るビデオメッセージを録画しています。

❶ Today I was in a wheelchair basketball program (車いすバスケットボールプログラム) with my friends. ❷ We watched a game. ❸ The players used special wheelchairs (車いす) on the court. ❹ Everybody shot the ball really (本当に) well. ❺ They were amazing. ❻ Then we tried wheelchair basketball. ❼ It was fun.

- このinは「〔従事・活動〕…(に参加)して」という意味。
- このgameは「試合」という意味。車いすバスケットボールの試合を指す。
- shoot「シュートする」は不規則動詞で，過去形はshot。
- ❶ のIとmy friendsを指す。
- ❸ のThe playersを指す。

POINT

●「…でした」(過去の状態を表す文)

❶ *My father is a tennis fan now.* (私の父は今テニスファンです。)

❷ **My father was a soccer fan then.** (私の父はそのときサッカーファンでした。)

❸ *My parents are tennis players now.* (私の両親は今テニス選手です。)

❹ **My parents were soccer players then.** (私の両親はそのときサッカー選手でした。)

- 「…でした」と過去の状態をいうときは，〈主語＋was[were] ～〉で表します。
- was，wereはbe動詞の過去形で，主語によって使い分けます。

主語	原形	現在形	過去形
I	be	am	**was**
単数の人やもの		is	
you，複数の人やもの		are	**were**

- 過去の状態を表す疑問文は，〈Was[Were]＋主語 ～?〉で表します。
- 答えの文は，〈Yes, 主語＋was[were].〉か〈No, 主語＋was[were] not.〉となります。was notの短縮形wasn't，were notの短縮形weren'tを使うこともできます。
- 過去の状態を表す否定文は，〈主語＋was[were] not ～.〉で表します。was notの短縮形wasn't，were notの短縮形weren'tを使うこともできます。

ここがポイント！

❶ Today I was in a wheelchair basketball program with my friends.

- 主語がIなので，be動詞の過去形はwasになります。

❺ They were amazing.

- 主語がtheyと複数なので，be動詞の過去形はwereになります。

本文の意味をつかもう

❶今日，私は友だちと車いすバスケットボールの催しにいました。❷私たちは試合を見ました。❸選手たちは特別な車いすをコート上で使っていました。❹みんなとても上手にボールをシュートしていました。❺彼らはみごとでした。❻それから，私たちは，車いすバスケットボールを試しました。❼それは楽しかったです。

Q&A

What did Mark do today?（マークは今日何をしましたか。）

解答例 He tried wheelchair basketball.

（彼は車いすバスケットボールを試しました。）

Listen ♪

マークのお姉さんが，冬休みに行ったハワイ旅行について，マークと電話で話しています。旅行中の４つのできごとについて，マークのお姉さんが感じたことをA～Dから選ぼう。

①（　　）　②（　　）　③（　　）　④（　　）

Ⓐ interesting（おもしろい）　Ⓑ great（すばらしい）　Ⓒ boring（退屈な）　Ⓓ exciting（わくわくする）

Speak & Write

(1) 冬休みにしたことについて発表しよう。

例 - I went to Wakaba Shrine during the winter vacation.
(私は冬休み中にわかば神社へ行きました。)
I drew *omikuji* and got *daikichi*. It was exciting.
(私はおみくじを引いて大吉を当てました。興奮しました。)
- During the vacation, I saw a big soccer game on TV.
(休み中，私はテレビで大きなサッカーの試合を見ました。)
Wakaba Greens lost the game. I was sad.
(わかばグリーンズは試合に負けました。悲しかったです。)

Word Bank
go on a trip 旅行に出かける
go skiing スキーに行く
visit my grandmother
祖母をたずねる
make a snowman
雪だるまを作る

解答例 I went to a theater during the winter vacation. I saw an action movie. It was amazing.
(私は冬休み中に劇場へ行きました。私はアクション映画を見ました。それはみごとでした。)

(2) (1)で話したことを書こう。

解答例 (略)

語句を確かめよう (p.164)

重要 ☐ court [コート]
名 (テニスやバスケットなどの) コート

重要 ☐ everybody [エヴリバディ]
代 だれでも，みんな《単数として扱う，everyoneより口語的》

☐ shot [シャト]
動 shoot (シュートする) の過去形・過去分詞

☐ shoot [シュート]
動 撃つ，射る；シュートする

重要 ☐ were [ワー]
動 …であった，…でした，…だった

☐ amazing [アメイズィング]
形 驚くべき，みごとな

語句を確かめよう (p.166〜167)

重要 ☐ drew [ドルー] 動 draw (引く) の過去形

重要 ☐ got [ガト] 動 get (手に入れる) の過去形・過去分詞

重要 ☐ lost [ロースト]
動 lose (負ける) の過去形・過去分詞

重要 ☐ lose[ルーズ] 動 負ける

☐ teammate(s) [ティームメイト〔ツ〕]
名 チームメイト

☐ boring [ボーリング]
形 退屈な，うんざりさせる

重要 ☐ difficult [ディフィカルト]
形 難しい，困難な；苦しい，厳しい

☐ snowman [スノウマン] 名 雪だるま

確認しよう (p.164〜167)

☐ was [ワズ] 動 1. (…で) あった，…でした，…だった 2. (…に) いた；(…に) あった
☐ fun [ファン] 名 おもしろいこと，楽しさ
☐ winter [ウィンタ] 名 冬
☐ exciting [イクサイティング] 形 興奮させる
☐ driver [ドライヴァ]
名 (車を) 運転する人，運転手
☐ officer [オーフィサ] 名 警察官；公務員
☐ police officer 名 警察官

Drill 1 Listen / 2 Repeat / 3 Say ♪

Ⓐ  
a bus driver
(バスの運転手)

Ⓑ  
a police officer
(警察官)

Ⓒ 
classmates
(クラスメイト)

Ⓓ 
teammates
(チームメイト)

Ⓔ funny
(こっけいな)

Ⓕ boring
(退屈な)

Ⓖ interesting
(おもしろい)

Ⓗ difficult
(難しい)

〈Repeatする英文〉

Ⓐ My father was a bus driver then. (その時，私の父はバスの運転手でした。)
Ⓑ My mother was a police officer then. (その時，私の母は警察官でした。)
Ⓒ My parents were classmates then. (その時，私の両親はクラスメイトでした。)
Ⓓ My parents were teammates then. (その時，私の両親はチームメイトでした。)
Ⓔ The book was funny. (その本はこっけいでした。)
Ⓕ The book was boring. (その本は退屈でした。)
Ⓖ The books were interesting. (その本はおもしろかったです。)
Ⓗ The books were difficult. (その本は難しかったです。)

・扉ページ(教科書p.113)

① Do you know the sport in the picture?
(あなたは写真のスポーツを知っていますか。)

② What sports do you like?
(あなたは何のスポーツが好きですか。)

解答例 ① Yes, I do. It is wheelchair basketball.
(はい，知っています。それは車いすバスケットボールです。)

② I like tennis[baseball, volleyball, table tennis, badminton, swimming, skiing].
(私はテニス〔野球，バレーボール，卓球，バドミントン，水泳，スキー〕が好きです。)

GET Part 2 Wheelchair Basketball

過去進行形を理解し，使おう。

声を出して読んでみよう ♪

missは「(電車・バスなどに)乗りそこなう」という意味だが，ここでは「あなたの電話に出られなかった(出そこねた)」ということを表す。

このwithは「〔関連〕…について」という意味。

Soundsの前にはIt，またはThatという主語が省略されていると考える。話しことばでは，決まり文句としてよく主語が省略される。

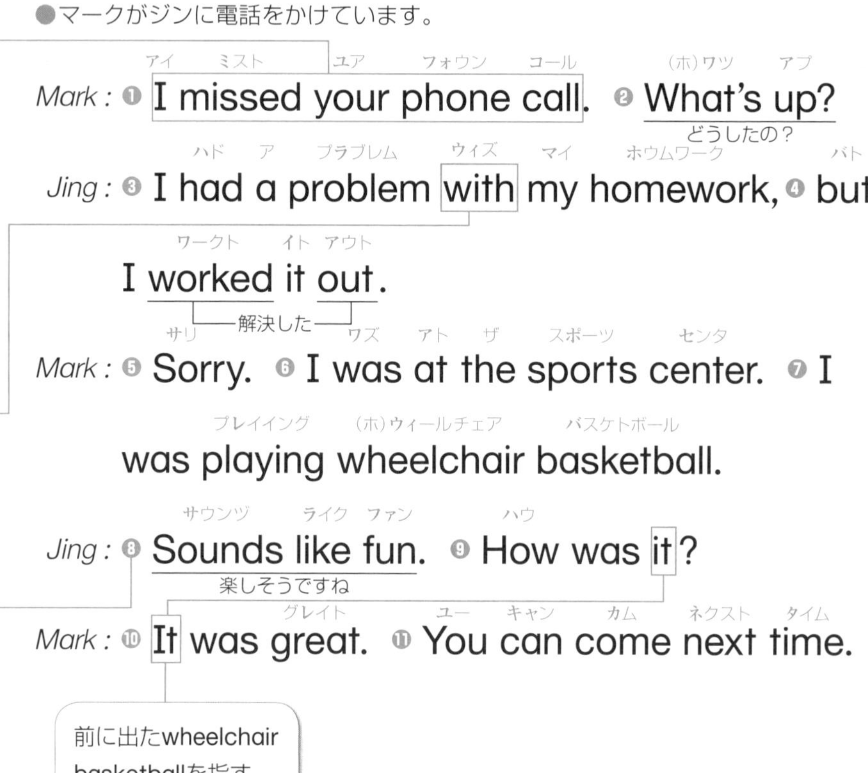
●マークがジンに電話をかけています。

Mark : ❶ I missed your phone call. ❷ What's up?（どうしたの？）

Jing : ❸ I had a problem with my homework, ❹ but I worked it out.（解決した）

Mark : ❺ Sorry. ❻ I was at the sports center. ❼ I was playing wheelchair basketball.

Jing : ❽ Sounds like fun.（楽しそうですね） ❾ How was it?

Mark : ❿ It was great. ⓫ You can come next time.

前に出たwheelchair basketballを指す。

POINT ♪

●「…していました」(過去進行形の文)

I am watching TV now. (私は今テレビを見ています。)

I was watching TV then. (私はそのときテレビを見ていました。)

・「…していました」と，過去のある時点で進行中だったことをいうときは，〈主語＋was[were]＋動詞の-ing形～.〉で表します。これを過去進行形といいます。

くらべてみよう

現在進行形	My father	is	watching	TV now.　（私の父は今テレビを見ています。）
		↓ be動詞を過去形に		
過去進行形	My father	was	watching	TV then.　（私の父はそのときテレビを見ていました。）

- 過去進行形の疑問文は，〈Was[Were]＋主語＋動詞の-ing形～?〉で表します。答えるときは，was[were]を使って答えます。現在進行形の文と同じつくり方です。
- 過去進行形の否定文は，〈主語＋was[were] not＋動詞の-ing形～.〉で表します。現在進行形の文と同じつくり方です。

くらべてみよう

肯定文	Your father was watching TV then.	（あなたのお父さんはそのときテレビを見ていました。）
	文の最初にwas[were] ↓	
疑問文	Was your father watching TV then?	（あなたのお父さんはそのときテレビを見ていましたか。）
答え方	—Yes, he was. / No, he was not.	（はい，見ていました。／いいえ，見ていませんでした。）
否定文	Your father was not watching TV then.	（あなたのお父さんはそのときテレビを見ていませんでした。）
	was[were]のあとにnot	

ここがポイント！

❼ I was playing wheelchair basketball.

- 〈主語＋was[were]＋動詞の-ing形….〉は，過去進行形の文です。

本文の意味をつかもう

マーク：❶ぼくは，君の電話に出ることができませんでした。❷どうしたの。
ジン：❸私は自分の宿題に問題がありました。❹しかし，私はそれを解決しました。
マーク：❺ごめんなさい。❻ぼくは，スポーツセンターにいました。❼ぼくは車いすバスケットボールをしていました。
ジン：❽楽しそうですね。❾それはどうでしたか。
マーク：❿素晴らしかったです。⓫君も次回来ることができます。

Q&A

Why did Mark miss Jing's phone call?
（なぜマークはジンの電話に出ることができなかったのですか。）

解答例 Because he was playing wheelchair basketball.
（なぜなら彼は車いすバスケットボールをしていたからです。）

Listen ♪

花が，マーク，ディヌー，ジンに電話をかけ直しています。マーク，ディヌー，ジンが，最初に花に電話をかけたときに，花がしていたことをA～Hから選ぼう。

① Mark（マーク）(　　) ② Dinu（ディヌー）(　　) ③ Jing（ジン）(　　)

A 

B 

C 

D 

E

F 

G 

H 

Talk & Write

(1) 昨日の夜9時にしていたことについて，ペアで話そう。

例 *A :* At nine last night, I was taking a bath.（昨夜9時，私は風呂に入っていました。）
What were you doing at that time, Taku?（拓，あなたはそのとき何をしていましたか。）

B : Well, I was sleeping at nine.（えーと，私は9時に眠っていました。）

(2) (1) で話したことをまとめて書こう。

例 I was taking a bath at nine. Taku was sleeping at that time.
（私は9時に風呂に入っていました。拓はそのとき眠っていました。）

Word Bank
watch TV テレビを見る
listen to music 音楽を聴く
brush my teeth 歯をみがく
change into pajamas パジャマに着替える

解答例 (1) A : At eight last night, I was studying English.
（昨夜8時，私は英語を勉強していました。）
B : What were you doing at that time, Moe?
（萌絵，あなたはそのとき何をしていましたか。）
A : Well, I was watching a DVD.
（えーと，私はDVDを見ていました。）

(2) I was studying English at eight. Moe was watching a DVD at that time.
（私は8時に英語の勉強をしていました。萌絵はそのときDVDを見ていました。）

語句を確かめよう (p.168) 

重要 ☐ miss(ed)［ミス(ト)］動 機会を逃す
重要 ☐ call［コール］
名 電話(をする〔がある〕こと)
☐ *What's up?* どうしたの。
☐ *work out* 解決する

重要 ☐ center［センタ］
名 中心；…センター
重要 ☐ sound(s)［サウンド〔ヅ〕］
動 (…に)聞こえる〔思える〕
☐ *sound like ...* …のように思われる

語句を確かめよう (p.170～171)

重要 ☐ change [チェインヂ]
動 変える；変わる，取り替える；乗り換える

重要 ☐ into [イントゥ]
前〔変化〕…(の状態)に(なって〔変わって〕)

☐ pajamas [パヂャーマズ]
名 パジャマ《上下1組》

☐ surf [サーフ]
動 波乗りする；(インターネットの)サイトを見て回る

☐ DVD [ディーヴィーディー]
名《略》digital video [versatile] diskの略

☐ bench [ベンチ] 名 ベンチ，長いす

☐ jog [ヂャグ]
動 ゆっくり走る，ジョギングする

確認しよう (p.168, 171)

☐ sorry [サリ] 形 すまなく思って，後悔して

☐ sit [スィト] 動 すわる；すわっている

Drill 1 Listen / 2 Repeat / 3 Say

Ⓐ 

study science
(理科を勉強する)

Ⓑ 
play with my dog
(イヌと遊ぶ)

Ⓒ 
surf the Internet
(ネットサーフィンをする)

Ⓓ 

watch a DVD
(DVD を見る)

Ⓔ 
bake cookies
(クッキーを焼く)

Ⓕ 
sit on a bench
(ベンチに座る)

Ⓖ 

sing
(歌う)

Ⓗ 
jog
(ジョギングをする)

〈Repeatする英文〉

Ⓐ I was studying science then. (その時，私は理科を勉強していました。)
Ⓑ I was playing with my dog then. (その時，私はイヌと遊んでいました。)
Ⓒ I was surfing the Internet then. (その時，私はネットサーフィンをしていました。)
Ⓓ I was watching a DVD then. (その時，私は DVD を見ていました。)
Ⓔ I was baking cookies then. (その時，私はクッキーを焼いていました。)
Ⓕ I was sitting on a bench then. (その時，私はベンチに座っていました。)
Ⓖ We were singing then. (その時，私たちは歌っていました。)
Ⓗ We were jogging then. (その時，私たちはジョギングをしていました。)

SETTING 車いすバスケットボール日本代表の Mari 選手が書いた記事が，スポーツ雑誌に掲載(けいさい)されています。

● 声を出して読んでみよう ♪

❶ ***SPORTS ESSAY***

❷ **Basketball and My Life**

❸ Amimoto Mari

① ❹ Basketball was my life. ❺ I had a clubfoot, but I still played. ❻ At age thirteen (13歳のとき), my foot's condition changed. ❼ I could not play basketball anymore.
❽ I was very sad. ❾ At the same time (同時に), I played wheelchair basketball, too. ❿ I did not like it very much. ⓫ It was not really basketball to me.

② ⓬ At sixteen (16歳のとき), our wheelchair basketball team played against Australian and US teams. ⓭ Their players were fast, skillful, and full of energy. ⓮ They always did their best. ⓯ Above all, they really loved wheelchair basketball.

③ ⓰ This changed my mind. ⓱ I realized, "Wheelchair basketball is a real sport." ⓲ After long hours of practice (何時間もの練習), I joined the Japan national team (日本代表チーム).
⓳ Now I meet and play against the top players in the world.

④ ⓴ This is my message for you. ㉑ **Have a positive attitude.** ㉒ **Then you can enjoy your life.**

- 「内反足」という意味。足首の関節の異常により，足のつま先の骨が内側に変形した状態になること。（a clubfoot）
- 筆者がバスケットボールをできなくなった理由は直前の文にある。（❼）
- このtoは「〔対象〕…に(とって)は」という意味。（to me）
- 「オーストラリアチームとアメリカチームの選手たち」を指す。（Their players）
- 2つ以上の語(句)を並べるときは，A, B, and Cのように，最後の2つの間にandを置く。（fast, skillful, and full of energy）
- 「(心身の)力で満ちあふれた」という意味。（full of energy）

STAGE 1 Get Ready 記事を読む前に確認しよう。

(1) 車いすバスケットボールについて知っていることを話そう。

解答例 ・一般のバスケットボールとほぼ同じルールで行われる。
・1回のドリブルにつき，2回以内のタイヤ操作が許されているが，3回以上タイヤをこぐとトラベリングとなる。

(2) 記事の見出しから内容を想像してみよう。

解答例 ・バスケットボール選手が自分の人生について語る話

STAGE 2 Read 記事の概要をとらえよう。

Guide 1

文の最初にある「時を表す表現」に下線を引こう。

解答 ❻At age thirteen（13歳のとき）
⓬At sixteen（16歳のとき）
⓲After long hours of practice（何時間もの練習のあと）

Guide 2

Guide1 で下線を引いたところを確認し，そのときどきで Mari 選手に起きたことに波線を引こう。

解答 ❻my foot's condition changed（私の足の状態が変わりました）
⓬our wheelchair basketball team played against Australian and US teams
（私たちの車いすバスケットボールチームがオーストラリアとアメリカのチームと試合をしました）
⓲I joined the Japan national team
（私は日本代表チームに参加しました）

Guide 3

何をきっかけに，Mari 選手の車いすバスケットボールへの気持ちや考えが変わりましたか。

解答
オーストラリアとアメリカのチームと試合をしたこと。

Goal 話の順番に合うように，絵に番号を付けよう。

Ⓐ 
( )

Ⓑ 
( )

Ⓒ 
( )

Ⓓ 
( )

解答 Ⓐ 3 Ⓑ 2 Ⓒ 1 Ⓓ 4

Ⓒ ー 本文❹，❺に注目。
↓
Ⓑ ー 本文❻，❼に注目。
↓
Ⓐ ー 本文②の内容などに注目。
↓
Ⓓ ー 本文⓲に注目。

STAGE 3 Think & Write

質問や感想など，Mari 選手に伝えたいメッセージを書こう。

解答例 I play basketball, too. I'm in a slump now. What do you usually do to get out of a slump?

（私もバスケットボールをしています。私は今スランプです。スランプから抜け出すために，あなたはたいてい何をしますか。）

本文の意味をつかもう

❶スポーツエッセイ
❷バスケットボールと私の人生
❸網本麻里
①❹バスケットボールは私の人生でした。❺私は，内反足でしたが，バスケットボールをしていました。❻ 13 歳のとき，私の足の状態が変わりました。❼私は，バスケットボールをもうそれ以上できなくなりました。❽私はとても悲しかったです。❾同じときに，私は車いすバスケットボールもしました。❿私は，それがあまり好きではありませんでした。⓫それは私にとって本当のバスケットボールではなかったのです。
②⓬ 16 歳のとき，私たちの車いすバスケットボールチームがオーストラリアとアメリカのチームと試合をしました。⓭その選手たちは，速く，腕がよくて，力があふれていました。⓮彼女らは，いつも全力を尽くしていました。⓯何よりも，彼女たちは車いすバスケットボールをとても愛していました。
③⓰このことが私の心を変えました。⓱私は，「車いすバスケットボールは本当のスポーツ」だとわかったのです。⓲何時間もの練習のあと，私は，日本代表チームに参加しました。⓳今，私は，世界のトップ選手に会ってプレーをします。
④⓴これはあなたへの私のメッセージです。㉑積極的な態度を持って。㉒そうすれば，あなたの人生を楽しむことができます。

Tips for Reading

・「いつ」「何が」あったか，またMari選手にどんな変化があったか考えながら読もう。
・「時を表す表現」に注意しよう。

☑ Check

●次の語句は何を指していますか。This（⓰），This（⓴）

解答

This（⓰）：At sixteen, our wheelchair basketball team played against Australian and US teams. They always did their best. Above all, they really loved wheelchair basketball.
（⓬, ⓮, ⓯）（16 歳のとき，私たちの車いすバスケットボールチームがオーストラリアとアメリカのチームと試合をしました。彼女らは，いつも全力を尽くしていました。何よりも，彼女たちは車いすバスケットボールをとても愛していました。）

This（⓴）：Have a positive attitude. Then you can enjoy your life.（㉑, ㉒）
（積極的な態度を持って。そうすれば，あなたの人生を楽しむことができます。）

語句を確かめよう (p.172) 

重要 ☐ still [スティル] 副 それでも
☐ foot [フト] 名 足
☐ feet [フィート] 名 footの複数形
☐ condition [コンディション] 名 状態
重要 ☐ could [クド] 助 canの過去形
重要 ☐ anymore [エニモー] 副 これ以上
重要 ☐ against [アゲンスト] 前 …に対抗して
☐ Australian [オーストレイリャン] 形 オーストラリアの
☐ skillful [スキルフル] 形 腕のいい
重要 ☐ full [フル] 形 満ちた
☐ energy [エナヂ] 名 (心身の)力
重要 ☐ always [オールウェイズ] 副 常に
☐ above [アバヴ] 前 (場所)の上に〔の〕; (ある基準)より上で〔の〕
☐ *above all* 何よりも
重要 ☐ love(d) [ラヴ(ド)] 動 …が大好きである
☐ clubfoot [クラブフト] 内反足
☐ US [ユーエス] アメリカ合衆国の
重要 ☐ mind [マインド] 名 心
重要 ☐ realize(d) [リーアライズ(ド)] 動 理解する
重要 ☐ national [ナショナル] 形 国の
重要 ☐ top [タプ] 形 トップの
重要 ☐ message [メスィヂ] 名 メッセージ
☐ positive [パズィティヴ] 形 積極的な
☐ attitude [アティテュード] 名 心構え

確認しよう (p.172)

☐ long [ローング] 形 (時間が)長い, 長時間の
☐ meet [ミート] 動 会う, 出会う
☐ world [ワールド] 名 世界, 世界中の人々

You can do it! Mari

網本麻里さん直筆メッセージ

偉人を紹介しよう

世界中の中学生が参加するスピーチコンテスト「A Great Person in History」に参加することになりました。好きな偉人やあこがれの偉人について発表しよう。

Check 設定を確認しよう。

(どこで) スピーチコンテスト「A Great Person in History」で

(何について)

(何をする)

1. Watch 陸のスピーチ動画を見よう。▶

(1) 発表するときに，陸がどんな工夫をしているか考えよう。

(2) 発表のあとにどんな質問が出たか確認しよう。

解答例 （略）

2. Read & Think 陸のスピーチ原稿と，陸が書き加えたメモを見て，どんな工夫をしているか考えよう。

Opening ●あいさつ ●人物	Hi. / I'm Riku from Japan. / （こんにちは。私は日本から来た陸です。） Albert Einstein is a great person. I respect him. / ゆっくり ⟶ （アルバート・アインシュタインは素晴らしい人物です。私は彼を尊敬しています。）
Body ●説明 ●理由	He was a great scientist / in the 20th century. / （彼は 20 世紀の偉大な科学者でした。） He won / a Nobel Prize / in 1921. / （彼は 1921 年にノーベル賞をとりました。） ⟶ 発音注意：口先を丸くする He had a strong passion / for science. / （彼は科学への強い情熱を持っていました。）
Closing ●ひとこと	Einstein is my hero. / （アインシュタインは私の英雄です。）

解答例
・人物の名前はゆっくり発音してわかりやすくしている。
・年代や世紀の数字の前はいったん区切って発音している。
・発音に注意する箇所を示している。
・ゆっくり話すところに印をつけている。
・意味のかたまりごとに区切って話している。

いろいろな記号を使い分けて，読みやすい発表メモにしよう。
・意味のかたまりごとに，英文を / で区切ってみよう。
・長い語句はリズムよく言えるように，⌒ で印をしよう。
・強く読む単語や文字にマーカーを引こう。

Tips for Speaking アイコンタクト

発表するときは原稿を見ずに，聞いている人たちとアイコンタクトをとろう。
・1 回の発表の中で，多くの人と目を合わせることを意識してみよう。
・余裕(ゆう)が出てきたら，聞いている人たちの様子に合わせて，ゆっくり話したり，くり返したりしよう。

3. Write & Speak 原稿を書いて発表しよう。

Step 1 内容を考える

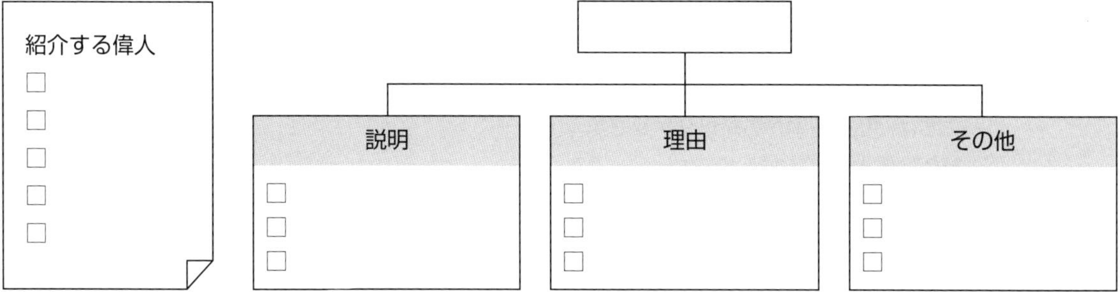

解答例 紹介する偉人 …羽生結弦
説明 …スケート選手　オリンピック金メダル2回　ソチ，平昌
理由 …けがをしてもあきらめない
その他…パワーをくれる

Step 2 考えを整理する

Opening	人物	
Body	説明 理由	
Closing	ひとこと	

解答例

Opening (始めのことば)	人物	Hanyu Yuzuru (羽生結弦)
Body (内容)	説明 理由	a great figure skater (偉大なフィギュアスケーター) won two gold medals: (2 つの金メダルを獲得) Sochi (ソチ) Pyeongchang (平昌)
Closing (終わりのことば)	ひとこと	He is my hero. (彼は私の英雄です。)

Step 3 文章を書く

(1) あなたが紹介したい偉人について，スピーチ原稿を書こう。
(2) 陸のスピーチ原稿（p.176）に書かれたメモを参考に，あなたの原稿に発表用のメモを書こう。

解答例 (1) Hi, I'm Takeshi from Japan.

Hanyu Yuzuru is a great figure skater.

ゆっくり ——→
He won two gold medals, one in Sochi and the other in Pyeongchang.
→
発音注意：口先を丸くする

He never gives up for the win.

He is my hero.

こんにちは，私は日本から来たタケシです。
羽生結弦は偉大なフィギュアスケーターです。
彼は２つの金メダルを獲得しました。一つはソチでもう一つは平昌です。
彼は勝つことを決してあきらめません。
彼は私の英雄です。

解答例 (2)

Opening	人物	Hi, I'm Takeshi from Japan.（こんにちは，私は日本から来たタケシです。） Hanyu Yuzuru is a great figure skater. （羽生結弦は偉大なフィギュアスケーターです。）
Body	説明 理由	He won two gold medals, one in Sochi and the other in Pyeongchang. （彼は２つの金メダルを獲得しました。一つはソチでもう一つは平昌です。） He never gives up for the win.（彼は勝つことを決してあきらめません。）
Closing	ひとこと	He is my hero.（彼は私の英雄です。）

Step  発表する

(1) 発表の練習をしよう。読みづらいところがあれば，メモを修正したり書き加えたりしよう。

(2) 発表のあとにどんな質問が出るか考え，その答えを用意しよう。

(3) クラスやグループで発表しよう。発表が終わったら，質問したり感想を言ったりしよう。

解答例 （略）

Idea Box

【職業】

writer 作家　singer 歌手　actor 俳優
inventor 発明家　doctor 医者　nurse 看護師

【功績など】

help people in need 困っている人々を助ける
make a new discovery 新発見をする
take the first trip to ... …へ初めて旅行に行く
write a beautiful poem 美しい詩を書く
become a star overnight 一夜にしてスターになる

【性格など】

brave 勇敢（かん）な　smart 賢（かしこ）い　strict 厳しい
strong 強い　patient がまん強い

語句を確かめよう (p.176) 

重要 ☐ person [パーソン] 名 人物
☐ respect [リスペクト] 動 尊敬する
☐ century [センチュリ] 名 世紀，100年
重要 ☐ won [ワン] 動 win（勝つ）の過去形・過去分詞
☐ prize [プライズ] 名 賞，賞品
☐ passion [パション] 名 情熱
☐ Albert Einstein [アルバート アインスタイン] 名 アルバート・アインシュタイン
☐ Nobel [ノウベル] 名 ノーベル（姓）
☐ Nobel Prize [ノウベル プライズ] 名 ノーベル賞

Take Action!  インタビュー

話し手が伝えたいことを聞き取る

マリアはアイスホッケーの大ファンです。夏海がインターネットを見ていると，マリアが大好きなベン・シモンズ選手のインタビュー動画を見つけました。

Expressions

ice hockey player　アイスホッケーの選手
questions from ...　…からの質問
from listeners　視聴者から
Of course.　もちろん。
depressed　気落ちして

STAGE 1 Get Ready

1. スポーツ選手のインタビューではどんなことを質問されると思いますか。
2. 右のExpressionsを参考に，インタビューで使われる表現を確認しよう。

STAGE 2 Listen 

1st Listening

インタビューを聞いて，質問の答えをまとめよう。

Q1 いちばんうれしかったこと

・できごと：＿＿＿＿＿＿＿＿＿＿

・理由：＿＿＿＿＿＿＿＿＿＿

Q2 いちばんつらかったこと

・できごと：＿＿＿＿＿＿＿＿＿＿

・理由：＿＿＿＿＿＿＿＿＿＿

2nd Listening　聞き取れなかった部分に注意しながら，もう一度聞いてみよう。

3rd Listening　巻末の**Audio Scripts**を見ながら音声を確認しよう。（スクリプトはp.222～223）

STAGE 3 Think & Act

ベン・シモンズ選手のインタビューの内容を説明しよう。

解答例　（略）

BONUS STAGE 

別の選手のインタビューを聞いてみよう。（スクリプトはp.225）

語句を確かめよう (p.180) 

☐ hockey [ハキ] 名〔おもに米〕アイスホッケー
重要 ☐ question(s) [クウェスチョン(ズ)]
名 質問，問い
☐ listener(s) [リスナ(ズ)]
名 聞き手；ラジオのリスナー
重要 ☐ course [コース]
名 [of course] もちろん，確かに
☐ depressed [ディプレスト]
形 落胆した，がっかりした

Take Action! 

どんな漫画が好きなの？

質問する　情報を付け加える

Skit お昼休みに，席で絵をかいていた陸に，ケイトが話しかけました。 

Kate

Riku

❶ What are you drawing?

❷ My favorite manga character.

❸ Wow, you draw well.

❹ I like manga, too.

❺ Really? ❻ What manga do you like?

「どんな漫画が好きですか」とたずねている。

❼ I like *One Piece*.

作品名は斜体で表す。

❽ I'm a big fan of Luffy.

ケイト：❶あなたは何をかいているの。
陸　　：❷ぼくが大好きな漫画の登場人物だよ。
ケイト：❸わあ，あなたは上手にかくわね。❹私も漫画が好きよ。
陸　　：❺ほんとうに？　❻あなたは何の漫画が好きなの。
ケイト：❼私はワンピースが好きよ。❽私はルフィーの大ファンなの。

Expressions

質問する
What manga do you like?
（あなたは何の漫画が好きですか。）
Who's your favorite cartoonist?
（あなたの大好きな漫画家はだれですか。）

情報を付け加える
I'm a big fan of Luffy.
（私はルフィーの大ファンです。）
I have the series in English.
（私は英語のシリーズを持っています。）

Work in Pairs

1. 上のスキットをペアで演じてみよう。
2. A・Bの役割を決め，好きな漫画や音楽，スポーツなどについて話そう。
   A：Bに好きな漫画などについてたずねよう。Bが答えたら，さらに質問しよう。
   B：Aの質問に，情報を付け加えながら答え，会話を進めよう。

解答例
A: What sport do you like?（あなたは何のスポーツが好きなの。）
B: I like table tennis.（私は卓球が好きよ。）
A: Me, too! Who is your favorite player?（ぼくもだよ！　あなたが大好きな選手はだれ？）
B: I like Ishikawa Kasumi. She is a great player.
（私は石川佳純が好きよ。彼女はすばらしい選手だわ。）
A: I like her, too.（ぼくも彼女が好きだよ。）

語句を確かめよう（p.181） 

☐ wow［ワウ］間 うわー！，まあ！，あっ！（驚き・喜びなどを表す）
☐ cartoonist［カートゥーニスト］名 漫画家
☐ series［スィアリーズ］名（出版物・番組などの）シリーズ（物）
☐ manga［マンガ］名 漫画
☐ One Piece 名 ワンピース（漫画）
☐ Luffy［ラフィ］名 ルフィー（名前）

GET Plus 5 うれしそうですね

Dialog 朝の教室で，ディヌーが，うれしそうな表情の花に話しかけました。

「A（の状態）に見えます」は〈look＋A〉で表します。Aには形容詞が入ることが多いです。

ディヌー：うれしそうだね。どうしたの？
花：誕生日に子犬をもらったよ。

Exercise 1 ディヌーになったつもりで，ケイト，陸，ジン，マークの表情を見て話しかけよう。

❶ 

解答例 You look sleepy. What's up?
（あなたは眠そうに見えます。どうしたの。）

❷ 

解答例 You look angry. What's up?
（あなたは怒っているように見えます。どうしたの。）

❸ 

解答例 You look sad. What's up?
（あなたは悲しそうに見えます。どうしたの。）

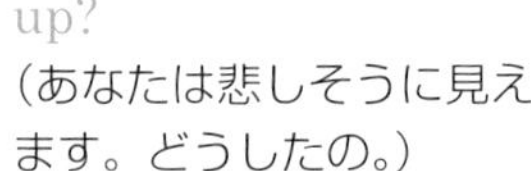

❹ 

解答例 You look surprised. What's up?
（あなたは驚いたように見えます。どうしたの。）

Exercise 2 Dialog を参考にペアで会話しよう。（➡ Word Bank p.183）

次の人物から１人選んで，その人物の表情を見て話しかけたり，その人物になったつもりで，できごとを話したりしよう。

解答例 ▶ Hana

A: Hi, Hana. You look sleepy. What's up?（こんにちは，花。あなたは眠そうに見えます。どうしたの。）
B: I didn't sleep well last night. I got up at 5:00 this morning. I'm a little sleepy.
（私は昨夜よく眠れませんでした。今朝は５時に起きました。私は少し眠いです。）

Write 上で人物の表情を見て話しかけた文を書こう。 解答例 （略）

Try ペアで，相手の表情などを見て，状態やできごとについて自由に話そう。

解答例 *A:* You look tired. What's up?（あなたは疲れているように見えます。どうしたの。）
B: I stayed up late last night. I was doing my homework. I'm very sleepy.
（私は昨夜夜更かししました。私は宿題をしていました。とても眠いです。）

Word Bank

状態や気持ちを表すことば

happy
(幸せな)

sleepy
(眠い)

angry
(怒って)

sad
(悲しい)

surprised
(驚いて)

tired
(つかれて)

fine
(元気な)

blue
(ゆううつな)

busy
(忙しい)

depressed
(落胆して)

bored
(退屈した)

nervous
(心配して)

いろいろな場面で look ... を使ってみよう。

例 1

Kate: Look at my new hat. (私の新しい帽子を見て。)
Riku: It's nice. (すてきだね。)
Kate: My father gave it to me. (父が私にくれたの。)
Riku: You **look** really cool in it. (かぶると本当にかっこよく見えるよ。)

例 2

Jing: Look! Riku and Hana are over there. (見て！ 陸と花が向こうにいるわ。)
Mark: Oh, they **look** sad. What's wrong? (ああ，彼らは悲しそうに見えるね。どうしたの？)
Jing: I don't know. Let's go and ask them. (わからないわ。行って彼らに聞いてみましょう。)

[gave giveの過去形　over there 向こうに　What's wrong? どうしたの?　ask たずねる]

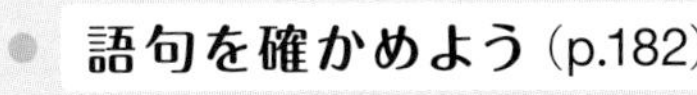

語句を確かめよう (p.182)

☐ puppy [パピ] 名 子犬

語句を確かめよう (p.183)

☐ surprised [サプライズド] 形 驚いた
☐ bored [ボード] 形 退屈した，うんざりした
☐ nervous [ナーヴァス] 形 心配して，不安で；自信のない

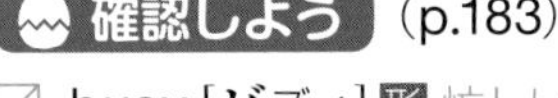

確認しよう (p.183)

☐ busy [ビズィ] 形 忙しい

文法のまとめ ⑦

教科書 126ページ

過去形（be動詞）と，過去進行形，〈look+A〉，冠詞を確認しよう。

① 過去形（be動詞）

◆過去の状態について言うときは，be動詞を過去形（was, were）にします。

		主 語	be 動詞	
肯定文		My father	**was** 主語が単数のときは was	a soccer fan then. （私の父はそのときサッカーファンでした。）
		My parents	**were** 主語が複数のときは were	soccer players then. （私の両親はそのときサッカー選手でした。）
疑問文 応答文	**Was** Was を主語の前に置く	your father		a soccer fan then? （あなたのお父さんはそのときサッカーファンでしたか。） — Yes, he **was**. / No, he **was not**. be 動詞を使って答える　短縮形は wasn't （はい，そうでした。/ いいえ，ちがいました。）
否定文		My father	**was not** was[were] の後ろに not を置く	a soccer fan then. （私の父はそのときサッカーファンではありませんでした。）

Drill 1　次の下線部の語を過去形に変えて，日本語の意味に合うようにしましょう。

1. I am a baseball player.（私は野球選手でした。）
2. Is the concert great?（そのコンサートはすばらしかったですか。）
3. They are in Tokyo.（彼らは東京にいました。）

② 過去進行形

◆過去のある時点で進行中だったことを言うときは，過去進行形の文で表します。過去進行形は，〈be動詞の過去形＋動詞の -ing形〉の形を使って表します。

主 語	be動詞の過去形＋動詞の -ing形		
I	**was watching**	TV then.	（私はそのときテレビを見ていました。）

くらべてみよう

現在進行形	過去進行形
I am reading a book now. （私は今，本を読んでいます。）	I was reading a book then. （私はそのとき本を読んでいました。）
You are writing a letter now. （あなたは今，手紙を書いています。）	You were writing a letter then. （あなたはそのとき手紙を書いていました。）
He isn't making lunch now. （彼は今，昼食を作っていません。）	He wasn't making lunch then. （彼はそのとき昼食を作っていませんでした。）

◆過去の状態を表す文や過去進行形では，thenなど，過去を表す語(句)がいっしょに使われることが多くあります。

Drill 2 次の文に[ ]内の語(句)を足して，日本文の意味に合うように文全体を書きかえましょう。

1. Mika is taking pictures. [then] (美香はそのとき，写真をとっていました。)
2. Is he sleeping? [at 1 a.m.] (彼は午前1時に眠っていましたか。)
3. My sisters aren't playing volleyball. [at that time]
   (私の妹たちはそのとき，バレーボールをしていませんでした。)

③〈look＋A〉

◆「A(の状態)に見えます」と言うときは，〈look＋A〉で表します。Aには形容詞が入ることが多いです。

主語	～に見える	形容詞など	
You	**look**	happy.	(あなたは幸せそうに見えます。)

Drill 3 次の英文を日本文にしましょう。

1. You look sleepy.
2. He looks tired.

英語のしくみ

④ 冠詞

◆冠詞(かん)とは，名詞(人やものの名前)の前に置くa, anやtheのことです。

a, an	不特定の1つのものや1人の人を表すとき，冠詞のaやanをつけます。ふつうはaをつけますが，名詞が母音で始まる場合はanをつけます。 例 an apple an elephant
the	お互いに，どれのことかわかって特定できる人やものを話題にするときは，その名詞の前にtheをつけます。theはふつうは「ザ」と発音しますが，名詞が母音で始まる場合は「ズィー」と発音します。 例 the orange [ズィ オーリンヂ]

・myやyourなどがついている場合，スポーツ・食事・科目などを表す名詞の場合など冠詞をつけないこともあるので注意しましょう。

Drill 4 次の英文の( )にa, an, theのどれかを書きましょう。

1. This is ( ) car.
2. This is a dog. ( ) dog is black.
3. I have ( ) egg in the box.

教科書 127〜129ページ

GET Part 1 Green Festival

● 未来の表し方「…でしょう」を覚えよう。

声を出して読んでみよう 

●わかば市で開催(さい)されるイベントの案内が，FMラジオから流れています。

❶ Come(カム) to(トゥー) the(ザ) Green(グリーン) Festival(フェスティヴァル) in(イン) Aoi River(リヴァ) Park(パーク).

❷ Let's(レツ) clean(クリーン) the riverbank(リヴァバンク) and(アンド) put(プト) baby(ベイビ) fish(フィシュ) in the river.

❸ Enjoy(インヂョイ) delicious(ディリシャス) food(フード) at(アト) the stands(スタンツ)(屋台で). ❹ Bring(ブリング) your(ユア) own(オウン) chopsticks(チャプスティクス), and you(ユー) will get a(ア) free(フリー)(無料の) drink(ドリンク).

❺ It(イト) will be(ビー) fun(ファン)!

直前の文のthe Green Festivalで行われる内容を説明している。

the Green Festivalで行われる内容を説明している。

〈命令文，and ....〉で「〜しなさい，そうすれば…」という意味を表す。

chopstick「箸」は2本で一組なので，ふつうchopsticksと複数形にする。

POINT ♪

●「…でしょう」(未来を表すwillの肯定文)

❶ *It(イト) is(イズ) cold(コウルド) today(トゥデイ).* (今日は寒い。)

❷ **It will(ウィル) be(ビー) cold tomorrow(トモーロウ).** (明日は寒くなるでしょう。) 〔it will→it'll〕

- 「…でしょう」と未来のことをいうときは，〈**will＋動詞の原形** …〉で表します。
- be動詞(am，is，are)の原形はbeです。

くらべてみよう

現在の文	It		is cold today.	(今日は寒いです。)
未来の文	It	will	be cold tomorrow.	(明日は寒くなるでしょう。)

will の後ろは動詞の原形

- it willの短縮形it'llや，I willの短縮形I'llなどを使うこともできます。

●「…でしょうか」(未来を表すwillの疑問文と応答文)

ウィル　イト　ビー　コウルド　トモーロウ
❸ **Will it be cold tomorrow?** (明日は寒くなるでしょうか。)

イェス　ノウ　ナト
— Yes, it will. / No, it will not.

(はい，寒くなるでしょう。／いいえ，寒くならないでしょう。)　〔will not→won't〕

- 「…でしょうか」と未来のことをたずねるときは，〈**Will＋主語＋動詞の原形 …?**〉で表します。
- 答えの文は，〈**Yes, 主語＋will.**〉か〈**No, 主語＋will not.**〉となります。will notの短縮形won'tを使うこともできます。

●「…ないでしょう」(未来を表すwillの否定文)

❹ **It will not be cold tomorrow.** (明日は寒くならないでしょう。)

- 「…ないでしょう」と未来のことを否定する文は，〈**主語＋will not＋動詞の原形 ….**〉で表します。will notの短縮形won'tを使うこともできます。

ここがポイント!

❹ Bring your own chopsticks, and you will get a free drink.

- 〈**will＋動詞の原形 ～**〉は，未来を表すwillの文です。

本文の意味をつかもう

❶あおい川公園のグリーンフェスティバルへ来てください。❷土手の清掃をして魚の赤ちゃんを川へ流しましょう。
❸屋台ではおいしい食べ物を楽しんでください。❹自分専用のお箸を持ってくれば，無料の飲み物を手に入れることができます。❺楽しくなりますよ。

Q&A

What can we do at the Green Festival? (私たちはグリーンフェスティバルで何ができますか。)

解答例
- We can clean the riverbank. (私たちは土手の清掃ができます。)
- We can put baby fish in the river. (私たちは魚の赤ちゃんを川へ流すことができます。)
- We can enjoy delicious food at the stands.
(私たちは屋台でおいしい食べ物を楽しむことができます。)

Listen ♪

春休みにわかば市で行われるイベントの案内が，FMラジオから流れています。それぞれのイベントについて，開催日，開始時間，持ち物をメモしよう。

❶ Wakaba Sports Day（わかば運動会）

開催日：
開始時間：
持ち物：

❷ Fun Science Club（楽しい科学クラブ）

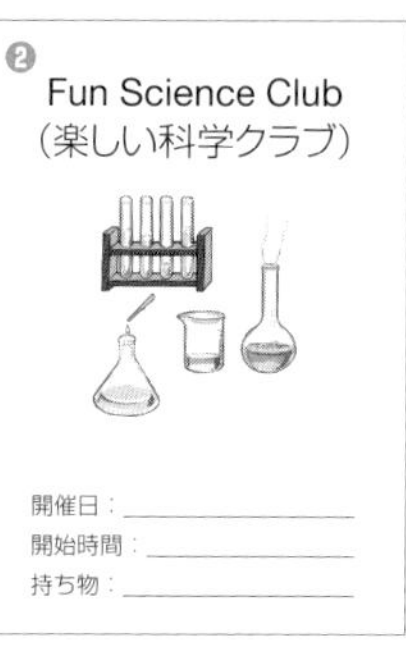

開催日：
開始時間：
持ち物：

❸ Let's Make Wagashi（和菓子を作ろう）

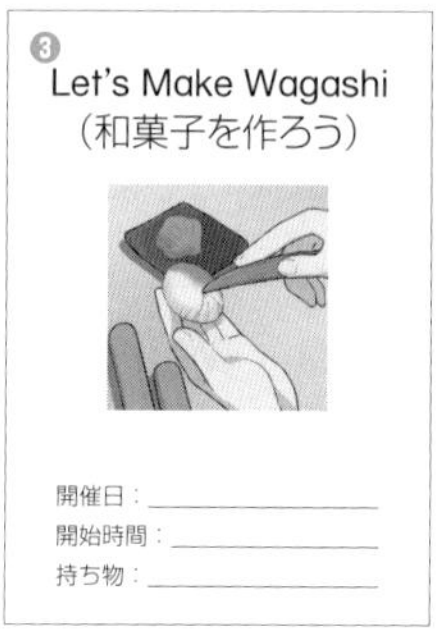

開催日：
開始時間：
持ち物：

Word Bank

You will need .... …が必要になる。
... will come, too. …も来るでしょう。

Speak & Write

(1) **Listen** からイベントを1つ選んで，開催日や開始時間，持ち物について説明しよう。

例 The Green Festival will be on Sunday. It will start at ten o'clock.
（グリーンフェスティバルが日曜日に開催されます。10時に始まります。）
You will need your own chopsticks. （あなたは自分の箸が必要になるでしょう。）

解答例 Fun Science Club will be on March 15. It will start at eleven a.m. You will need some plastic bottles.（楽しい科学クラブが3月15日に開催されます。午前11時に始まります。あなたはいくつかのペットボトルが必要になるでしょう。）

(2) (1)で話したことを書こう。解答例（略）

語句を確かめよう（p.186, 189）

重要 ☐ baby［ベイビ］名 赤ちゃん；〔形容詞的〕赤ちゃんの

☐ chopstick(s)［チャプスティク(ス)］名 箸《ふつう chopsticks》

重要 ☐ will［ウィル］助〔自然のなりゆきでこの先〕…するでしょう，…(する)だろう

重要 ☐ tomorrow［トモーロウ］名 副 あした(は)，あす(は)

☐ riverbank［リヴァバンク］名 土手

☐ warm［ウォーム］(p.189) 形 暖かい；温かい

確認しよう（p.186, 189）

☐ let's［レツ］〔Let's....〕…しましょう《let usを短くした形》

☐ stand(s)［スタンド〔ヅ〕］名 売店，屋台

☐ cold［コウルド］形 寒い，冷たい

☐ sunny［サニ］形 日の照っている，晴れた

☐ cloudy［クラウディ］形 くもりの，くもった

☐ rainy［レイニ］形 雨降りの，雨の

・扉ページ（教科書p.127）

① What do you see in these pictures? （これらの写真の中に何が見えますか。）

② How can you save the environment? （あなたは環境を救うために何ができますか。）

解答例 ① I see Mt. Fuji.（富士山が見えます。）

② We reduce trash. We recycle things.（ごみを減らす。物をリサイクルする。）

Drill **1 Listen / 2 Repeat / 3 Say** ♪

Ⓐ sunny（晴れた） Ⓑ cloudy（くもりの） Ⓒ rainy（雨降りの） Ⓓ snowy（雪の降る）
Ⓔ warm（暖かい） Ⓕ hot（暑い） Ⓖ cool（涼しい） Ⓗ cold（寒い）

〈Repeatする英文〉

Ⓐ It will be sunny tomorrow.（あしたは晴れるでしょう。）
Ⓑ It will be cloudy tomorrow.（あしたはくもりでしょう。）
Ⓒ It will be rainy tomorrow.（あしたは雨でしょう。）
Ⓓ It will be snowy tomorrow.（あしたは雪でしょう。）
Ⓔ It will be warm tomorrow.（あしたは暖かいでしょう。）
Ⓕ It will be hot tomorrow.（あしたは暑いでしょう。）
Ⓖ It will be cool tomorrow.（あしたは涼しいでしょう。）
Ⓗ It will be cold tomorrow.（あしたは寒いでしょう。）

Ⓐ Will it be sunny tomorrow?（あしたは晴れるでしょうか。）
Ⓑ Will it be cloudy tomorrow?（あしたはくもりでしょうか。）
Ⓒ Will it be rainy tomorrow?（あしたは雨でしょうか。）
Ⓓ Will it be snowy tomorrow?（あしたは雪でしょうか。）
Ⓔ Will it be warm tomorrow?（あしたは暖かいでしょうか。）
Ⓕ Will it be hot tomorrow?（あしたは暑いでしょうか。）
Ⓖ Will it be cool tomorrow?（あしたは涼しいでしょうか。）
Ⓗ Will it be cold tomorrow?（あしたは寒いでしょうか。）

Ⓐ It will not be sunny tomorrow.（あしたは晴れないでしょう。）
Ⓑ It will not be cloudy tomorrow.（あしたはくもりではないでしょう。）
Ⓒ It will not be rainy tomorrow.（あしたは雨ではないでしょう。）
Ⓓ It will not be snowy tomorrow.（あしたは雪ではないでしょう。）
Ⓔ It will not be warm tomorrow.（あしたは暖かくないでしょう。）
Ⓕ It will not be hot tomorrow.（あしたは暑くないでしょう。）
Ⓖ It will not be cool tomorrow.（あしたは涼しくないでしょう。）
Ⓗ It will not be cold tomorrow.（あしたは寒くないでしょう。）

GET Part 2 Green Festival

● 未来の表し方「…するつもりです」の表し方を覚えよう。

● 声を出して読んでみよう 

●イベントの案内を聞いた花が，ディヌーと話しています。

Hana : ❶ Did you hear about the Green Festival?

❷ It's this weekend.（今週末）

Dinu : ❸ Yeah. ❹ Are you going to be there?

Hana : ❺ Yes. ❻ I am going to listen to a speech on the final day. ❼ It's about a volunteer project.

Dinu : ❽ Interesting.（おもしろそうですね。） ❾ Maybe I'll meet you there.

❿ When will it start?

Hana : ⓫ At two.

前に出たthe Green Festivalを指す。

未来のことだが，確定した予定なので現在形を使っている。

「ああ，わかっているよ」という意味。yesのくだけた言い方。

「最終日に」という意味。ここではthe Green Festivalの最終日を指す。

前にSounds が省略されていると考える。話しことばでは，主語が省略されることもある。

POINT ♪

●「…するつもりです」(未来を表すbe going to …の肯定文)

❶ *I clean the park every Sunday.*（私は毎週日曜日，公園をそうじします。）

❷ **I am going to clean the park tomorrow.**（私は明日，公園をそうじするつもりです。）

- 「…するつもりです」と，予定や計画，未来のことをいうときは，〈**主語＋be動詞＋going to＋動詞の原形…**〉で表します。
- be動詞は主語によって使いわけます。
- be going to …は，以前から決めていた予定を表すときに使います。また，現在の様子を見て「もうすぐ雨が降りそうだね」と言うときは，willよりbe going to …を使うのが普通です。

●「…するつもりですか」(未来を表すbe going to ...の疑問文と応答文)

アー　ユー　ゴウイング トゥー　クリーン　ザ　パーク　トモーロウ
Are you going to clean the park tomorrow?

(あなたは明日，公園をそうじするつもりですか。)

イェス　アイ アム　ノウ　ナト
— Yes, I am. / No, I am not.

(はい，そうじするつもりです。／いいえ，そうじするつもりではありません。)

- 「…するつもりですか」と未来のことをたずねる文は，〈**be動詞＋主語＋going to＋動詞の原形…?**〉で表します。
- 答えの文は，be動詞を使って答えます。

ここがポイント！

❹ Are you going to be there?

- 〈**be動詞＋主語＋going to＋動詞の原形…?**〉は，be going to ...の疑問文です。

❻ I am going to listen to a speech on the final day.

- 〈**主語＋be動詞＋going to＋動詞の原形…**〉は，be going to ...の肯定文です。

本文の意味をつかもう

花　　　：❶グリーンフェスティバルについて聞いた？ ❷この週末よ。
ディヌー：❸うん。❹君はそこに行くのかい。
花　　　：❺ええ。❻私は最後の日のスピーチを聞くつもりよ。❼ボランティア企画についてなの。
ディヌー：❽おもしろそうだね。❾たぶん，ぼくはそこで君に会うと思うよ。❿何時に始まるの？
花　　　：⓫ 2時よ。

Q&A

What will Hana do this weekend?（花は今週末何をするつもりですか。）

解答例 She is going to the Green Festival and listen to a speech about volunteer project.
（彼女はグリーンフェスティバルに行って，ボランティア企画についてのスピーチを聞くつもりです。）

Listen ♪

陸とジンが，春休みの予定について話しています。陸とジンの予定をA～Dから2つずつ選ぼう。

Riku (　　) (　　)　Jing (　　) (　　)
(陸)　　　　　　　(ジン)

Ⓐ 

Ⓑ 

Ⓒ 

Ⓓ 

Talk & Write

⑴ 三連休の天気を見て，それぞれの日にあなたならどんなことをするかペアで話し合おう。

Saturday（土曜日）	Sunday（日曜日）	Monday（月曜日）

㊇ *A* : It'll snow next Sunday. What are you going to do?
（今度の日曜日は雪でしょう。あなたは何をするつもりですか。）

B : I'm going to make a snowman. How about you?
（私は雪だるまを作るつもりです。あなたは？）

A : I'm going to stay inside and watch TV.（私は中にいて，テレビを見るつもりです。）

解答例 *A* : It'll rain next Saturday. What are you going to do?
（今度の土曜日は雨でしょう。あなたは何をするつもりですか。）

B : I'm going to stay inside and listen to music. How about you?
（私は中にいて，音楽を聞くつもりです。あなたは？）

A : I'm going to make lunch for my family.（私は家族のために昼食を作るつもりです。）

⑵ ⑴で話したことを書こう。

㊇ It will snow next Sunday. I am going to make a snowman.
（今度の日曜日は雪でしょう。私は雪だるまを作るつもりです。）

解答例 It'll rain next Saturday. I'm going to stay inside and listen to music.
（今度の土曜日は雨でしょう。私は中にいて，音楽を聞くつもりです。）

Word Bank

nice weather　よい天気　　sunny　日のよく照る
rain　雨が降る　　drink some hot chocolate　ココアを飲む
eat warm food　温かい食べ物を食べる　　go skating　スケートをしに行く

語句を確かめよう（p.190） 

☐ yeah [イェア]
副 ああ，わかっているよ

☐ speech [スピーチ]
名 演説，スピーチ

重要 ☐ final [ファイナル] 形 最後の

☐ project [プラヂェクト]
名 計画，企画

重要 ☐ maybe [メイビ]
副 たぶん，…かもしれない

I'll　I will の短縮形

確認しよう（p.190～193）

☐ when [(ホ)ウェン] 副 いつ

☐ snow [スノウ] 動 雪が降る

☐ rain [レイン] 動 雨が降る

Drill　1 Listen / 2 Repeat / 3 Say ♪

Ⓐ 
skate
（スケートをする）

Ⓑ 
do volunteer work
（ボランティアの仕事をする）

Ⓒ 
go to the theater
（劇場に行く）

Ⓓ 
make a speech
（演説をする）

Ⓔ 
take an exam
（試験を受ける）

Ⓕ 
climb a mountain
（山に登る）

ときを表す語

tomorrow
（あした）
the day after tomorrow
（あさって）
this weekend
（今週末）
next week
（来週）
next month
（来月）
next year
（来年）

〈Repeat する英文〉

Ⓐ I am going to skate tomorrow.（私はあしたスケートをするつもりです。）
Ⓑ I am going to do volunteer work tomorrow.
（私はあしたボランティアの仕事をするつもりです。）
Ⓒ I am going to go to the theater tomorrow.（私はあした映画館に行くつもりです。）
Ⓓ I am going to make a speech tomorrow.（私はあした演説をするつもりです。）
Ⓔ We are going to take an exam tomorrow.（私たちはあした試験を受けるつもりです。）
Ⓕ We are going to climb a mountain tomorrow.（私たちはあした山に登るつもりです。）

Ⓐ Are you going to skate tomorrow?（あなたはあしたスケートをするつもりですか。）
Ⓑ Are you going to do volunteer work tomorrow?
（あなたはあしたボランティアの仕事をするつもりですか。）
Ⓒ Are you going to go to the theater tomorrow?
（あなたはあした映画館に行くつもりですか。）
Ⓓ Are you going to make a speech tomorrow?（あなたはあした演説をするつもりですか。）
Ⓔ Are you going to take an exam tomorrow?
（あなたたちはあした試験を受けるつもりですか。）
Ⓕ Are you going to climb a mountain tomorrow?
（あなたたちはあした山に登るつもりですか。）

語句を確かめよう（p.192）♪

重要 ☐ stay［ステイ］
動 とどまる，いる；滞在する
☐ *make a speech* 演説をする
重要 ☐ exam［イグザム］
名 試験（examination を短くした語）
☐ *the day after tomorrow* あさって
☐ hot chocolate［ハト チョークレト］名 ココア

SETTING Green Festival 最終日に，講演会場で，富士山でのボランティア活動について書かれたパンフレットが配られました。

声を出して読んでみよう ♪

❶ Mt. Fuji ● ❷ Ueno Yukito (❸ Representative, Go Green Organization)

① ❹ Mt. Fuji is special to many people. ❺ Some paint it. ❻ Others pray to it. ❼ It is a symbol of Japan.

② ❽ From the late 1900s, the number of climbers increased. ❾ Many of them dropped litter on the paths. ❿ They left behind plastic bottles and cans. ⓫ The paths were messy.

③ ⓬ My friends and I felt upset about this situation. ⓭ We talked about the problem. ⓮ We decided, "We will make a group. We will clean the paths on Mt. Fuji."

④ ⓯ Now we are busy with (…で忙しい) many activities. ⓰ We pick up people's litter. ⓱ We talk to hikers. ⓲ We give speeches at schools and events. ⓳ On our website, we share information with similar groups around the world. ⓴ Mt. Fuji is getting (…になりつつある) clean.

⑤ ㉑ Will you join us? ㉒ Let's save Mt. Fuji for future generations.

- 「富士山」という意味。山の名前の前に Mt. をつける。
- 「(全体の中の)ある人たち」という意味の代名詞。
- 前に出た Mt. Fuji を指す。
- 「1900年代後半」という意味。the 1900s と複数形にすることで「1900年代」を表す。
- 前に出た climbers を指す。
- 本文6文目～8文目の内容を指す。
- 前に出た many activities の例を挙げている。
- この will は「…しませんか」という意味で「勧誘」を表す。「私たちに加わりませんか。」

STAGE 1 Get Ready 記事を読む前に確認しよう。

(1) あなたのまわりには，どんな環境問題がありますか。

解答例
ごみ問題。川や海などの水質汚染。PM2.5 などの大気汚染。地球温暖化による異常気象や魚の不漁。

(2) 環境（かん）を守るために，どんなことに気をつけていますか。

解答例 電気をこまめに消す。水道の水を流しっぱなしにしない。食べ物を残さない。ごみを分別する。エアコンの温度設定を調節する。ビニール袋を使わずエコバッグを持参する。

STAGE 2 Read 記事の概要（がい）をとらえよう。

Guide 1

次の内容はどの段落で書かれていますか。

解答例 富士山が抱えていた問題：②
問題を解決するための行動：③，④

Guide 2

(1) なぜ富士山は汚くなってしまったのでしょうか。
(2) 当時の状況をよく思っていなかった人たちはどのような決断をしましたか。
(3) その後，どのような活動が行われましたか。

(1)
解答例 ごみを投げ捨てる登山者が増えたため。
Many climbers dropped litter on the paths. (❾)

(2)
解答例 グループを作り，富士山の小道をきれいにすることを決めた。
They decided, “We will make a group and clean the paths on Mt. Fuji.” (⓮)

(3)
解答例 ごみを拾った。登山者に話しかけた。学校や各種イベントでの講演をした。同じような活動をする世界中のグループと情報交換をした。
They picked up people’s litter.(⓰) They talked to hikers.(⓱) They gave speeches at school and events.(⓲) They shared information with similar groups around the world.(⓳)

Goal 記事の概要（がい）を図にまとめよう。

解答例

問題	·Many climbers dropped litter on the paths. They left behind plastic bottles and cans. （多くの登山者がごみを小道に捨てた。彼らはペットボトルと缶を後に残した。） ·The paths were messy.（道は散らかっていた。）

解決策	·pick up people’s litter（人々のごみを拾う） ·give speeches at schools and events（学校やイベントで講演をする） ·share information with similar groups around the world （世界中の同様のグループと情報を分かち合う）

STAGE 3 Think & Talk

観光地など人がたくさん集まる場所をきれいに保つためにどんなことが大切か，グループで話し合おう。

解答例
· We don't drop litter.（ごみを捨てない。）/ We take litter home.（ごみを家へ持ち帰る。）
· We don't left behind plastic bottles and cans.（ペットボトルや缶を残していかない。）
· We pick up litter.（ごみを拾う。）
· We don't bring food and drink.（食べ物や飲み物を持っていかない。）

本文の意味をつかもう

❶富士山❷上野幸翔（❸ Go Green Organization 代表）
①❹富士山は多くの人にとって特別です。❺絵をかく人もいれば，❻祈る人もいます。❼日本の象徴です。
②❽ 1900 年代後半から，登山者の数が増えました。❾登山者の多くが小道にごみを捨てました。❿彼らはペットボトルや缶を残していったのです。⓫小道は散らかっていました。
③⓬友人たちと私は，この状態に腹を立てていました。⓭私たちはこの問題について話し合いました。⓮そして私たちは決めたのです。「グループを作ろう。富士山の小道をきれいにしよう」
④⓯今，私たちは多くの活動で忙しくしています。⓰人々が捨てたごみを拾っています。⓱登山者に話しかけています。⓲学校やイベントなどで講演しています。⓳私たちのウェブサイトで，世界中の同じようなグループと情報を共有しています。⓴富士山はきれいになりつつあります。
⑤㉑あなたも私たちの活動に参加しませんか。㉒未来の世代の人たちのために，富士山を救いましょう。

Tips for Reading

話の中で述べられている問題とその原因をとらえ，問題を解決するためにどのような行動をとったかに注意しながら読もう。

☑ Check

●the problem（⓭）は何を指していますか。

解答 the problem（⓭）：富士山の小道がごみで汚くなってしまったこと。（⓫）

語句を確かめよう (p.194) 

- ☐ paint [ペイント] 動 (絵を) かく
- ☐ symbol [スィンボル] 名 象徴
- 重要 ☐ late [レイト] 形 後期の
- ☐ climber(s) [クライマ(ズ)] 名 登山者
- ☐ increase(d) [インクリース(ト)] 動 増える
- ☐ litter [リタ] 名 ごみ
- ☐ path(s) [パス(ス)] 名 小道
- 重要 ☐ left [レフト] 動 leave (残す) の過去形
- 重要 ☐ behind [ビハインド] 副 残って
- ☐ plastic [プラスティク] 形 プラスチックの
- ☐ can(s) [キャン(ズ)] 名 缶
- ☐ messy [メスィ] 形 散らかった
- 重要 ☐ felt [フェルト] 動 feel (感じる) の過去形
- 重要 ☐ feel [フィール] 動 感じる
- ☐ upset [アプセト] 形 腹を立てた
- 重要 ☐ situation [スィチュエイション] 名 事態
- 重要 ☐ decide(d) [ディサイド〔デド〕] 動 決定する
- 重要 ☐ group [グループ] 名 グループ
- ☐ (1900)s (1900) 年代
- 重要 ☐ pick [ピク] 動 摘む
- ☐ *pick up* 拾い上げる
- ☐ hiker(s) [ハイカ(ズ)] 名 ハイキングする人
- 重要 ☐ give [ギヴ] 動 (おおぜいの前で) 演ずる, 行う
- ☐ *give a speech* 演説をする
- ☐ website [ウェブサイト] 名 ウェブサイト
- 重要 ☐ share [シェア] 動 共有する
- 重要 ☐ information [インフォメイション] 名 情報
- 重要 ☐ similar [スィミラ] 形 似ている
- 重要 ☐ around [アラウンド] 前 …のあちらこちら
- 重要 ☐ us [アス] 代 私たちに
- 重要 ☐ save [セイヴ] 動 守る
- 重要 ☐ future [フューチャ] 形 未来の
- ☐ generation(s) [ヂェネレイション(ズ)] 名 世代

マニフェストを書こう

世界中の中学生が参加する環境(かん)サミットに参加することになりました。
環境を守るために自分ができることを考え，それを宣言するマニフェストを書こう。

Check 設定を確認しよう。

（どこで） 世界の中学生が参加する環境サミットで

（何について）

（何をする）

1. Follow the Steps

陸がマニフェストを書いています。どんなことを考えながら書いているか確認しよう。

Step 1  内容を考える

宣言
- □ごみを減らす
- □節電する
- □緑を増やす
- □節水する
- □川をきれいにする

□宣言：ごみを減らす	□宣言：節電する
具体的にできること：	具体的にできること：
□ビニール袋を使わない	□人がいないときは部屋の電気を消す
□いろいろなものをリサイクルする（紙，缶，ペットボトル，服…）	□節電の大切さをみんなに説明する
□ストローを使わずに，コップから飲む	□テレビゲームをする時間を減らす
	□冷蔵庫は開けたらすぐに閉める

陸のひとりごと

What can I say?
ごみ問題と節電について取り上げていたテレビ番組があったな。この２つを候補にしよう。

What can I do about it?
それぞれについて具体的にできることを考えよう。ほかの教科で学んだことを活かせるかな？

Step 2  考えを整理する

Opening（始めのことば）	宣言	reduce trash（ごみを減らす）
Body（内容）	具体的にできること	– recycle paper, cans, plastic bottles, clothes（紙，缶，ペットボトル，服を再利用する） – don't use plastic bags（ビニール袋を使わない） – don't use plastic straws, drink from the cup（プラスチックのストローを使わない，コップから飲む）
Closing（終わりのことば）	ひとこと	Let's be kind to nature.（自然にやさしくなりましょう。）

陸のひとりごと

What can I write?
ごみ問題の方が英語で書きやすそうだし，できることもたくさんありそう。こっちにしよう。

How can I write?
・ペットボトルは plastic bottles って言うんだ！ ビニール袋も plastic bags なんだね。
・最後のひとことは，Let's be green. のほうがかっこいいな。

Q Step ❶の日本語のメモのうち，Step ❷で陸が取り上げたものにチェック☑しよう。

解答
ビニール袋を使わない，いろいろなものをリサイクルする（紙，缶，ペットボトル，服…），ストローを使わずにコップから飲む。

Step ❸ 文章を書く

My Promise

Kato Riku

I am going to save the environment. I will reduce trash. For example, I will recycle things like cans and plastic bottles. I will not use plastic bags. In addition, I will not use plastic straws. I will drink from the cup. Let's be green.

（ぼくは環境を救うつもりです。ごみを減らします。たとえば，缶やペットボトルのようなものを再利用します。ビニール袋を使いません。さらに，プラスチックのストローを使いません。コップから飲みます。環境にやさしくなりましょう。）

陸のひとりごと

Now, let's write!

・1文めに，このマニフェストが「環境を守るため」のものだということを書き加えよう。
・リサイクルするものの例は，缶とペットボトルの2つにしよう。
・具体例を書くときは，for example や like が使えそう。

Q Step ❸の英文のうち，Opening, Body, Closing はどの部分ですか。／で区切ろう。

解答
ぼくの約束

Opening（宣言）：I am going to save the environment. I will reduce trash.
（ぼくは環境を救うつもりです。ごみを減らします。）

Body（具体的にできること）：For example, I will recycle things like cans and plastic bottles. I will not use plastic bags. In addition, I will not use plastic straws. I will drink from the cup.
（たとえば，缶やペットボトルのようなものを再利用します。ビニール袋を使いません。さらに，プラスチックのストローを使いません。コップから飲みます。）

Closing（ひとこと）：Let's be green.（環境にやさしくなりましょう。）

2. Work in Class　クラスやグループで協力して書こう。

Step 1　内容を考える

宣言
□
□
□
□

□宣言：

具体的にできること：
□
□
□

□宣言：

具体的にできること：
□
□
□

宣言
□ごみを減らす
□川をきれいにする
□節水する
□緑を増やす

□宣言：緑を増やす

具体的にできること：
□グリーンカーテンをつくる
□屋上にプランターで植物を育てる
□緑化ポスターコンクールに応募する

□宣言：川をきれいにする

具体的にできること：
□たくさんの水を使わない
□川や土手の清掃をする
□油やソースがついた食器は紙などで拭き取って洗う

Step 2　考えを整理する

Opening	宣言	
Body	(　　　　)	
Closing	ひとこと	

解答例

Opening (始めのことば)	宣言	clean rivers (川をきれいにする)
Body (内容)	(具体的にできること)	– don't use too much water (水を使いすぎない) – clean the riverbank (土手をきれいにする) – wipe dishes with paper (紙で皿をふく)
Closing (終わりのことば)	ひとこと	Let's swim in our rivers. (私たちの川で泳ぎましょう。)

3. Write by Yourself

環境を守るためにあなたができることを，マニフェストに書こう。

Step 3  文章を書く

解答例 My Promise

I am going to save the environment. I will clean our rivers. For example, I will wipe dishes with paper. Then I wash them. I will not use too much water. In addition, we will pick up trash and clean riverbank. Fish! Come back! Let's swim in our rivers together.

私の約束

私は環境を救うつもりです。私は私たちの川をきれいにします。たとえば，私は紙で皿をふきます。それから私はそれらを洗います。私は水を使いすぎません。加えて，私はごみを拾い，土手をきれいにします。魚たち！ 戻ってきて！ いっしょに私たちの川で泳ぎましょう。

Idea Box

【環境問題】

air pollution 大気汚染(おせん)　water pollution 水質汚染

global warming 地球温暖化　greenhouse effect 温室効果

garbage problem ゴミ問題　sea level rise 海面上昇

acid rain 酸性雨　endangered animals 絶滅(めつ)に瀕(ひん)した動物

【日常生活】

turn off the light 電気を消す　save water 節水する

set the timer to ... minutes タイマーを…分にセットする

unplug （電気器具の）プラグをぬく

donate 寄付する　pick up trash ゴミを拾う

do not stay up late 夜おそくまで起きていない

語句を確かめよう (p. 198〜199) 

- ☐ reduce [リデュース] 動 減らす；減る
- ☐ trash [トラシュ] 名 ごみ
- ☐ recycle [リーサイクル] 動 再利用する，再生する
- ☐ clothes [クロウズ] 名 衣服
- ☐ straw(s) [ストロー(ズ)] 名 (飲み物用の) ストロー
- ☐ promise [プラミス] 名 約束
- ☐ environment [インヴァイ(ア)ロンメント] 名 〔the をつけて〕(自然) 環境
- 重要 ☐ example [イグザンプル] 名 例，実例
- ☐ *for example* たとえば
- ☐ addition [アディション] 名 付け加わったもの，付け加えること

確認しよう (p.198)

- ☐ kind [カインド] 形 親切な，やさしい
- ☐ nature [ネイチャ] 名 自然，自然界

Take Action!

天気予報

聞き手が必要な情報を聞き取る

夏海は，ホームステイ先の家族と週末にキャンプに行くことになりました。出かける前日にテレビをつけると，週末の天気予報が放送されていました。

Expressions

It's almost ....
　もうすぐ…です。
holiday　祝日，休日
high　最高気温
low　最低気温
28 degrees　28度
bad news　悪い知らせ

STAGE 1 Get Ready

1. 天気予報を聞くとき，あなたはどんなことを知りたいですか。
2. 右のExpressionsを参考に，天気予報で使われる表現を確認しよう。

STAGE 2 Listen

1st Listening

天気予報を聞いて，天気，最高気温，最低気温をメモしよう。

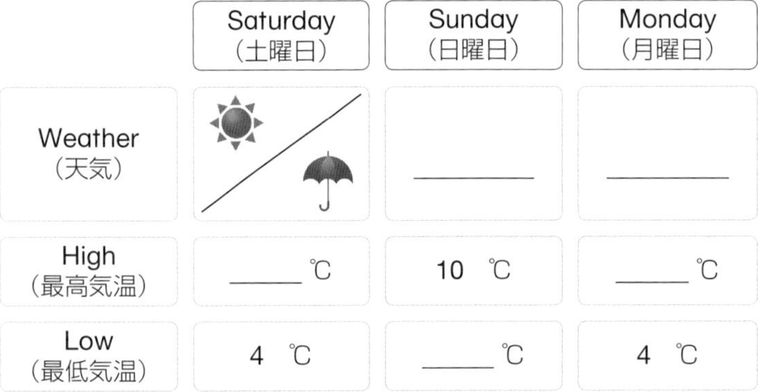

	Saturday（土曜日）	Sunday（日曜日）	Monday（月曜日）
Weather（天気）		______	______
High（最高気温）	______ ℃	10 ℃	______ ℃
Low（最低気温）	4 ℃	______ ℃	4 ℃

2nd Listening　聞き取れなかった部分に注意しながら，もう一度聞いてみよう。

3rd Listening　巻末の**Audio Scripts**を見ながら音声を確認しよう。（スクリプトはp.223）

STAGE 3 Think & Act

あなたが夏海なら，週末のキャンプに何を持っていきますか。

解答例

・傘やレインコートなどの雨具
・厚手の上着や羽織るもの
・毛布

BONUS STAGE

別の地域の天気予報を聞いてみよう。（スクリプトはp.225）

語句を確かめよう（p.202）

重要 ☐ almost［オールモウスト］
副 ほとんど，おおかた；もう少しで

重要 ☐ holiday［ハリデイ］
名（国や州などで決められた1日だけの）祝日，休日

☐ degree(s)［ディグリー(ズ)］
名（温度・角などの）度

重要 ☐ bad［バド］
形（質や程度が）悪い，いやな

Take Action! Talk 6 もう一度言って

描写する　聞き直す

 バスケットボールの試合を見ながら，花とマークが話しています。 

Hana

❶Who's your favorite player, Mark?

❷Seyfried.

❸What did you say?

❹Seyfried.

Mark

❺He's wearing number 33.

❻Can you say that again, please?

❼33. ❽He has blond hair.

花　　：❶マーク，あなたが大好きな選手はだれ。
マーク：❷サイフリッド。
花　　：❸何と言ったの。
マーク：❹サイフリッド。
　　　　❺彼は３３番をつけているんだ。
花　　：❻もう一度それを言ってくれない，お願い。
マーク：❼３３番。❽彼は金髪だよ。

Work in Pairs

1. 上のスキットをペアで演じてみよう。
2. 巻末のロールプレイシートを使って，A・Bの役割をペアで演じてみよう。

A: What's the matter?（どうしたの。）
B: Oh, I'm looking for Sayuri.（ああ，サユリを探しているんだ。）
A: Well, she is jumping rope and wearing glasses.
（ええと，彼女は縄とびをしていてめがねをかけているわ。）
B: Sorry, I didn't hear you.（ごめん，聞こえなかった。）
A: She is jumping rope and wearing glasses.
（縄とびをしていてめがねをかけている。）
B: Oh, I found her. Thank you very much.
（ああ，見つけたよ。どうもありがとう。）
A: You're welcome.（どういたしまして。）

Expressions

描写する

He's [She's] ....
（彼は〔彼女は〕…です。）
He [She] has ....
（彼は〔彼女は〕…を持っています。）
He's [She's] wearing ....
（彼は〔彼女は〕…をつけています。）

聞き直す

What did you say?
（何と言いましたか。）
Can you say that again?
（もう一度それを言ってくれませんか。）
Pardon me?
（もう一度お願いします。）
I didn't hear you.
（聞こえませんでした。）

語句を確かめよう (p.203) 

- 重要 ☐ again [アゲン] 副 もう一度，また
- 重要 ☐ hair [ヘア] 名 (人の)髪の毛；(人・動物の)体毛，毛
- ☐ pardon [パードン] 動 許す
- ☐ Seyfried [サイフリド] 名 サイフリッド《姓》
- ☐ blond [ブランド] 形 金髪の

GET Plus 6 ベッドを整えてくれませんか

Dialog 休日に自宅で，マークのお父さんとマークが話しています。 

「…してくれませんか」と依頼（いらい）するときはCan you 〜?で表します。

マークの父：マーク，手伝ってほしいんだ。
ベッドを整えてもらえないかな。
マーク：もちろんいいよ。

Exercise 1 マークのお父さんになったつもりで，マークにしてほしいことを依頼しよう。

❶ 

解答例 Can you open the window?
（窓を開けてくれますか。）

❷

解答例 Can you do some shopping?
（買い物をしてくれますか。）

❸

解答例 Can you water the flowers?
（花に水をやってくれますか。）

Exercise 2 Dialogと例を参考にペアで会話しよう。 ➡ Word Bank p.205

p.205のWord Bankから動作を1つ選んで，してほしいことを依頼したり，依頼に応じたりしよう。

例 *A:* Can you walk the dog?（あなたはイヌを散歩させることができますか。）

B: I'm sorry, but I can't. I'm busy now.（ごめんなさい，できません。私は今，忙しいです。）

解答例
▶ *A:* Can you do the laundry?（洗濯をしてくれますか。）
B: Sure. I'll do it now.（もちろんです。今やります。）
▶ *A:* Can you turn on the TV?（テレビをつけてくれますか。）
B: Sure. Which program will you watch?（もちろんです。どの番組を見ますか。）
▶ *A:* Can you answer the phone?（電話に出てくれますか。）
B: Sorry, but I can't. I'm taking a bath.（ごめんなさい，出れません。風呂に入っています。）

Write 上で依頼した文を書こう。 解答例（略）

Try ペアで，してほしいことを依頼したり，応じたりして，自由に話そう。

解答例 *A:* Can you show me your notebook?（私にあなたのノートを見せてくれますか。）
B: Sure.（もちろんです。）

Word Bank

いろいろな動作

make the bed
（ベッドを整える）

open the window
（窓を開ける）

do some shopping
（買い物をする）

water the flowers
（花に水をやる）

walk the dog
（イヌを散歩させる）

do the laundry
（洗濯をする）

feed the cat
（ネコにえさをやる）

wash the dishes
（皿を洗う）

turn off the light
（明かりを消す）

turn on the TV
（テレビをつける）

lock the door
（ドアに鍵をかける）

answer the phone
（電話に出る）

いろいろな場面で Can you ... ? を使ってみよう。

例 1

Mr. Oka: This weekend is the *hanami* party. **Can you** bring some drinks?
（今週末は花見パーティーです。飲み物を持って来てくれますか。）

Ms. Brown: Sure. I'll bring juice and tea. （もちろん。ジュースとお茶を持っていきます。）

Mr. Oka: Great. Thanks. （いいね。ありがとう。）

例 2

Dinu: I'm going to the store. Do you need anything?
（店に行くところです。何か必要なものはある？）

Mother: **Will you** buy some eggs? （卵をいくつか買ってきてくれない？）

Dinu: OK. （わかったよ。）

● Will you ... ? は親しい人に軽い頼みごとをするときに使うことが多い。

語句を確かめよう（p.204）

☐ *I'm sorry.* （残念に思って）すみません。

語句を確かめよう（p.205）

- 重要 ☐ open［オウプン］動（ドア・窓などが）あく；あける
- 重要 ☐ window［ウィンドウ］名 窓
- ☐ laundry［ローンドリ］名〔theをつけて〕洗濯物
- 重要 ☐ feed［フィード］動 食べ物を与える，えさを与える
- 重要 ☐ off［オーフ］副〔電気・水道・テレビなどが〕切れて，止まって
- 重要 ☐ light［ライト］名 光，明るさ；明かり
- ☐ lock［ラク］動 かぎをかける
- 重要 ☐ door［ドー］名 戸，ドア
- 重要 ☐ answer［アンサ］動 答える，返事をする；応答する

文法のまとめ ⑧

● 未来を表す表現（will と be going to ...）を確認しよう。

① 未来を表す表現（will）

◆話している時点（現在）からみて，未来のことについて言うときは，助動詞 will を使います。

◆will は，文の主語と結びついたり，否定の not と結びついたりして，短縮形をつくることができます。

〈主語＋ will〉				〈will ＋ not〉		
I	will	→	I'll	will not	→	won't
we	will	→	we'll			
you	will	→	you'll			
he	will	→	he'll			
she	will	→	she'll			
it	will	→	it'll			
they	will	→	they'll			

② 未来を表す表現（be going to ...）

◆話している時点（現在）ですでに予定されている未来のことは，〈be going to ...〉で表します。

		主 語	be going to	動詞の原形
肯定文		I	**am going to**	clean the park tomorrow. 動詞の原形（もとの形） （私は明日公園をそうじするつもりです。）
疑問文 応答文	**Are** be 動詞を主語の前に置く	you	**going to**	clean the park tomorrow? （あなたは明日公園をそうじするつもりですか。） — Yes, I **am**. / No, I **am not**. be 動詞を使って答える
否定文		I	**am not going to** be 動詞の後ろに not	clean the park tomorrow. （私は明日公園をそうじするつもりではありません。）

Drill 1 日本語の意味に合うように，(　　)に適する語を入れましょう。

1. The festival (　　) (　　) fun. (そのお祭りは楽しいでしょう。)
2. (　　) she visit my house tomorrow? (彼女は明日私の家を訪れるでしょうか。)
3. My father (　　) (　　) tomorrow. (私の父は明日働かないでしょう。)

Drill 2 次の英文を日本語にしましょう。

Will it be hot tomorrow? — No, it won't.

予定を言うとき

①I **will visit** my friend tomorrow. (そうだ！　明日，友だちを訪ねることにしよう。)
②I **am going to** visit my friend tomorrow. (明日，友だちを訪ねることになっています。)

・上の①のように，その場で思いついた予定を言うときは will を使います。また，②のように以前から計画していることを言うときは，be going to…で表します。

Drill 3 次の下線部を〈be going to ...〉を使った表現に変えて，日本語の意味に合うようにしましょう。

1. I <u>study</u> science. (私は明日理科を勉強する予定です。)
2. <u>Does</u> he <u>visit</u> London? (彼は来年ロンドンを訪れるつもりですか。)
3. My mother <u>doesn't clean</u> the room today. (私の母は今日部屋を掃除するつもりではありません。)

Drill 4 日本語の意味に合うように，(　　)に適する語(句)を選び，記号で答えましょう。

1. It (　　) be cloudy tomorrow. (〈今夜は雲が多いから〉明日はくもりでしょう。)
   Ⓐ will　　Ⓑ is going to
2. I (　　) send the e-mail. (〈今思いついたけど〉メールを送ろう。)
   Ⓐ will　　Ⓑ am going to

英語のしくみ

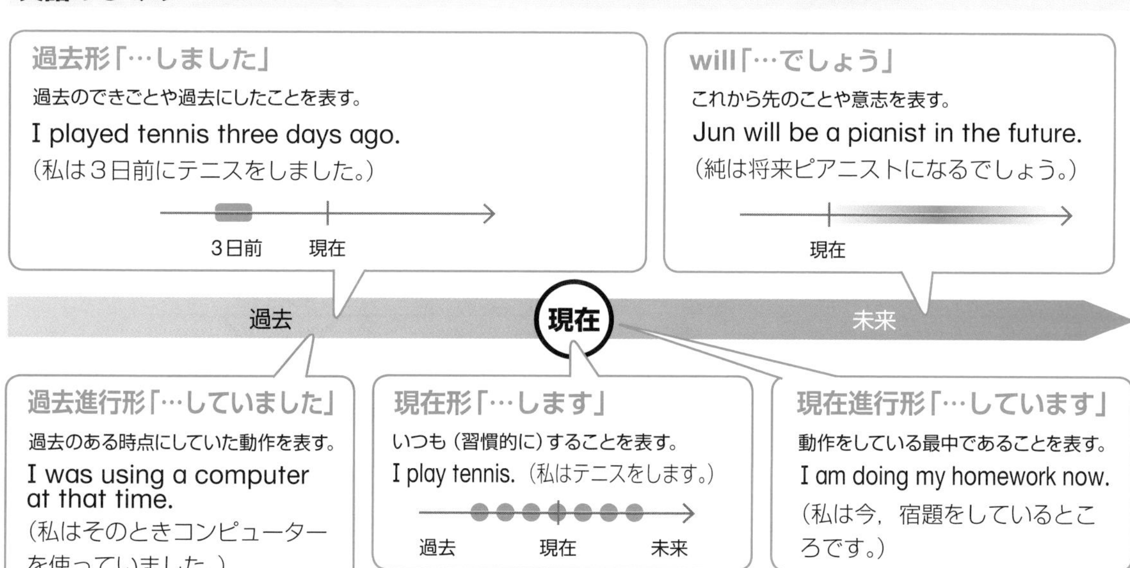

教科書 142〜143 ページ

大切なものを紹介(しょうかい)しよう

世界中の中学生が参加するプレゼンテーションコンテスト「My Treasure」が行われることになりました。絵や写真を見せながら，あなたが大切にしているものを発表しよう。

Check 設定を確認しよう。

(どこで) プレゼンテーションコンテスト「My Treasure」で

(何について)

(何をする)

1. Listen 陸の発表を聞こう。♪

(1) 陸の発表の内容を確認しよう。

① 陸が大切にしているものは何ですか。 ② 陸はそれをいつ手に入れましたか。

③ 陸はどんなときにそれを使いますか。

(2) 陸が質問を受けています。陸の答えを書こう。

Q : Who gave it to you? A : ____

Q : Was it your first guitar? A : ____

Q : Do you practice the guitar every day? A : ____

質問 : だれがそれをあなたにあげましたか。

質問 : それはあなたの最初のギターでしたか。

質問 : あなたは毎日ギターを練習しますか。

2. Think あなたが大切にしているものを 1 つ選んで，アイデアマップを作ろう。

陸のアイデアマップ

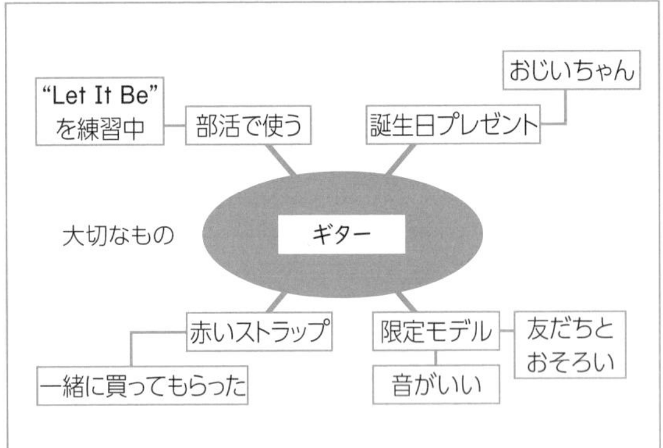

あなたのアイデアマップ

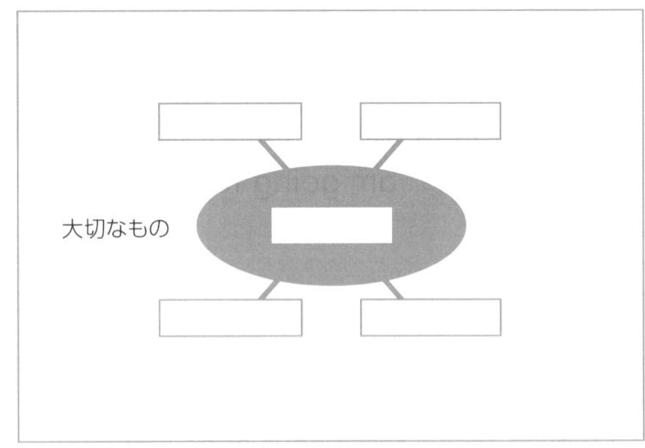

解答例

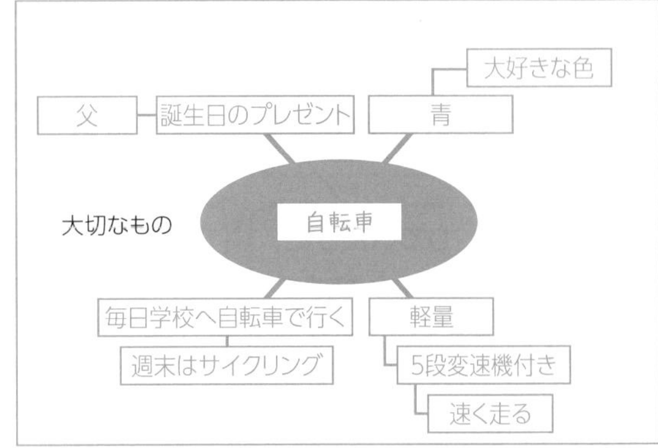

3. Write アイデアマップを整理し，発表メモを作ろう。

陸の発表メモ

my treasure = guitar（私の宝物=ギター）
- birthday present（誕生日のプレゼント）
- grandfather, gave（おじいちゃん，くれた）
- in the music club（音楽部で）

→ practicing "Let It Be"
（"Let It Be" を練習中）

あなたの発表メモ

解答例

my treasure = a bicycle（私の宝物 = 自転車）
a birthday present from my father（父からもらった誕生日のプレゼント）
blue, my favorite color（青，私の大好きな色）
very light（軽量） a five-speed bicycle（5段変速機付き自転車） runs fast（速く走る）
go to school by bicycle every day（毎日学校へ自転車で通う）
go cycling[biking] on weekends（週末はサイクリングへ行く）

4. Practice 発表の練習をしよう。

(1) 一人で，メモを見ながら発表する練習をしよう。言いづらいところがあれば，メモを修正したり書き加えたりしよう。
(2) 発表することについて，どんな質問が出るか考えてみよう。質問の答えも考えてみよう。

Questions	Answers

解答例

Questions（質問）	Answers（答え）
What color is your bicycle? （あなたの自転車は何色ですか。）	It's blue.（青です。）
Does your bicycle run fast? （あなたの自転車は速く走りますか。）	Yes, it does.（はい，走ります。）
Do you ride a bicycle to school? [Do you come to school by bicycle?] （あなたは自転車に乗って学校に来ますか。）	Yes, I do. I go to school by bicycle every day. （はい，来ます。私は毎日自転車で学校へ行きます。）

(3) ペアやグループで発表の練習をしよう。

STAGE 1

練習①＋アドバイス

Speaker

ペアやグループの前で発表しよう。

Listener

・Speakerの発表を聞こう。
・Speakerにわかりづらかった点などを伝えよう。

Speaker

Listenerのアドバイスを聞いて，自分の発表をふり返ろう。

STAGE 2

練習②＋質問

Speaker

もう一度，ペアやグループの前で発表しよう。

Listener

・発表を聞きながら，質問することを考えよう。
・Speakerに質問しよう。

Speaker

Listenerの質問に答えよう。

5. Speak 写真や絵を見せながら，大切なものを発表しよう。

解答例
Hi, I'm Jun.
　Look at this picture. This is my treasure. It was a birthday present from my father. It is blue. Blue is my favorite color. It is a very light and a five-speed bicycle. It can run very fast.
　I go to school by bicycle every day. I go cycling on weekends.
Thank you.
(こんにちは。私は淳です。この写真を見てください。これは私の宝物です。それは父からの誕生日プレゼントです。それは青です。青は私の大好きな色です。とても軽く，5段変速機付きの自転車です。とても速く走れます。私は毎日自転車で学校へ行きます。私は週末サイクリングに行きます。ありがとう。)

Idea Box

【質問】
Where did you buy the book?　その本はどこで買いましたか。
How many soccer balls do you have?　いくつサッカーボールを持っていますか。
What do you like about the pen?　そのペンのどんなところが好きですか。
Do you use that baseball glove every day?　毎日その野球のグローブを使いますか。

語句を確かめよう (p.208～209)

重要 ☐ gave [ゲイヴ] 動 give(与える，あげる；渡す)の過去形
☐ treasure [トレジャ] 名 財宝，富；貴重品，宝物
☐ Let It Be　レット・イット・ビー《歌》

定期テスト対策 3（Lesson7~8）

合計 /100点

1 次の英語は日本語に，日本語は英語になおしなさい。 （2点×6）

⑴ difficult ______ ⑵ lose ______ ⑶ exam ______

⑷ …に聞こえる ______ ⑸ 赤ちゃん ______ ⑹ 常に ______

2 日本語に合うように，___に適切な語を書きなさい。 （3点×4）

⑴ 明日は晴れるでしょう。

It ______ ______ sunny tomorrow.

⑵ 由美と私はそのとき，写真をとっていました。

Yumi and I ______ ______ pictures then.

⑶ 私は来年ロンドンを訪れるつもりです。

I ______ ______ to visit London next year.

⑷ 健太はそのとき，本を読んでいませんでした。

Kenta ______ ______ a book then.

3 次の文を指示に従って書きかえるとき，___に適切な語を書きなさい。 （3点×5）

⑴ I am at home. （文末にyesterdayを加えて過去の文に）

I ______ at home yesterday.

⑵ Jun is running in the park now. （下線部をthenにかえて）

Jun ______ ______ in the park then.

⑶ She gets up at nine today. （下線部をtomorrowにかえて，be going toを使った文に）

She ______ ______ to ______ up at nine tomorrow.

⑷ You were students last year. （疑問文に）

______ you students last year?

⑸ Lucy was practicing the piano then. （下線部をたずねる文に）

______ was Lucy ______ then?

4 日本語に合うように，（　）内の語（句）を並べかえなさい。 （5点×5）

⑴ これらの映画はわくわくしました。(exciting / these / were / movies).

______________________________.

⑵ 明日はくもりでしょうか。(it / tomorrow / be / will / cloudy)?

______________________________?

⑶ 私の母は来週そうじをするつもりです。(going / clean / is / to / my mother) next week.

______________________________ next week.

⑷ あなたは1時に野球をしていましたか。(were / playing / you / baseball) at one?

______________________________ at one?

⑸ 私は明日，料理をするつもりではありません。(cook / not / going / I'm / to) tomorrow.

______________________________ tomorrow.

定期テスト対策3

5 次の対話文を読んで，あとの問いに答えなさい。 （4点×4）

マークがジンに電話をかけています。

Mark: I missed your phone call. ①（どうしたの？）
Jin: I had a problem with my homework, but I worked it out.
Mark: Sorry. ②I (　　　) at the sports center. ③I (　　　) (　　　) wheelchair basketball.
Jin: Sounds like fun. How was it?
Mark: It was great. You can come next time.

(1) ①の（　）の内容を英語にするとき，____に入る適切な語を書きなさい。
　____________ up?

(2) 下線部②が「私はスポーツセンターにいました。」という意味になるように，____に入る語を書きなさい。
　I ____________ at the sports center.

(3) 下線部③が「私は車いすバスケットボールをしていました。」という意味になるように，____に入る語を書きなさい。
　I ____________ ____________ wheelchair basketball.

(4) 次の質問に答えるとき，____に入る適切な語を書きなさい。
　How was the wheelchair basketball?
　— It was ____________.

6 次の(1)，(2)について説明する英文を，あなた自身の立場で１つずつ書きなさい。 （10点×2）

(1) 昨夜９時に自分がしていたことを説明する文。

____

(2) 明日，自分が何をするつもりかを説明する文。

____

READING FOR FUN

教科書 144〜145ページ

Alice and Humpty Dumpty

声を出して読んでみよう 

●アリスが川の土手でうとうとしていると，そこにウサギが通りかかります。アリスはウサギを追いかけていきます。さて，一体どこへ行くのでしょう。

❶ **Alice and Humpty Dumpty**

❷ Alice was sitting by the river. ❸ Suddenly she saw a white rabbit. ❹ The rabbit looked at his watch and said, "I'm late. I'm late." ❺ He ran into a hole in the ground and disappeared. ❻ She followed him.

（アリス アンド ハンプティ ダンプティ／アリス ワズ スィティング バイ ザ リヴァ サドンリ シー ソー ア (ホ)ワイト ラビト ルクト アト ヒズ ワチ アンド セド アイム レイト ヒー ラン イントゥー ホウル イン グラウンド ディサピアド ファロウド ヒム）

by：…の(すぐ)そばに　watch：時計

過去進行形の文。

「(時間に)遅れた」の意味。

❷のa white rabbitを指す。

❼ Alice fell into the hole. ❽ Down, down, down, she fell.

（フェル ダウン）

into：…の中へ

Downを３回くり返すことで，生き生きとしたリズムをつけている。

語句を確かめよう (p.214) 

- ☐ suddenly [サドンリ] 副 突然
- 重要 ☐ ran [ラン] 動 run(走る)の過去形
- 重要 ☐ hole [ホウル] 名 穴
- 重要 ☐ ground [グラウンド] 名 地面
- ☐ disappear(ed) [ディサピア(ド)] 動 見えなくなる
- 重要 ☐ follow(ed) [ファロウ(ド)] 動 ついていく
- 重要 ☐ fell [フェル] 動 fall(落ちる)の過去形
- ☑ Alice [アリス] 名 アリス(名前)

確認しよう

- ☐ by [バイ] 前 〔場所〕…の(すぐ)そばに
- ☐ down [ダウン] 副 (上から下への動きを表して)下(の方)へ〔に〕

声を出して読んでみよう 

“❶ How long will I fall?” she thought. ❷ Then Alice hit the bottom. ❸ She was in Wonderland.

(long：(時間が)長く)

> hitの過去形。hitは原形・過去形・過去分詞がすべて同じ形。

> isの過去形。「…にいました」の意味。

❹ Alice was walking around Wonderland. ❺ She saw a big egg on a high wall.

❻ The egg said, “I’m Humpty Dumpty. ❼ What’s your name, little girl?”

> Aliceのこと。親しみをこめて「お嬢さん」と話しかけている。

“❽ My name is Alice,” she said.

“❾ Alice? ❿ What does it mean?”

> Aliceという名前を指す。

“⓫ Does a name have a meaning?” she asked.

> have a meaning「意味がある」。

“⓬ Of course it does. ⓭ My name means my shape.”

(Of course：もちろん)

> Does …?の疑問文に対する応答。Yesの代わりに，Of courseを使って答えている。

“⓮ I see,” Alice said.

(I see：わかりました)

READING FOR FUN

教科書 146～147ページ

語句を確かめよう（p.215）

- ☐ *How long ... ?* どれくらい長く
- 重要 ☐ thought［ソート］動 think（思う）の過去形
- 重要 ☐ hit［ヒト］動 hit（打つ）の過去形
- 重要 ☐ bottom［バトム］名 底
- 重要 ☐ wall［ウォール］名 へい
- 重要 ☐ little［リトル］形 小さい
- 重要 ☐ mean［ミーン］動 意味する
- ☐ meaning［ミーニング］名 意味
- 重要 ☐ ask(ed)［アスク(ト)］動 たずねる
- ☐ shape［シェイプ］名 形
- ☐ Wonderland［ワンダランド］名 不思議の国
- ☐ Humpty Dumpty［ハンプティ ダンプティ］名 ハンプティ・ダンプティ

確認しよう（p.215）

- ☐ think［スィンク］動 考える，思う

声を出して読んでみよう

「ところで」の意味。話題をかえている。

"❶ Anyway, I like your belt. ❷ It's very nice."

直前の文のyour beltを指す。

直前の文のa tieを指す。

"❸ My belt? ❹ My belt! ❺ It is not a belt. ❻ It is a tie. ❼ It's around my neck."

Humpty Dumptyがすわっている塀のこと。

命令文にpleaseをつけた，「どうぞ…してください」というていねいな言い方。

今からAliceが歌おうとしている歌のことを指している。

"❽ Well, it's a very nice tie, too."

❾ Alice looked around (あちらこちらを). "❿ The wall is very high. ⓫ Please be careful," she said. "⓬ Do you know this song?" she asked.

語句を確かめよう (p.216) 

重要 ☐ anyway [エニウェイ] 副 ところで
☐ belt [ベルト] 名 ベルト
☐ tie [タイ] 名 ネクタイ
重要 ☐ careful [ケアフル] 形 注意深い

声を出して読んでみよう

sitの過去形。

Aliceが歌っている歌を斜体文字で示している。1文めのsatと2文めのhad, 1文めのwallと2文めのfallが，それぞれ韻をふんでいる。

haveの過去形。

「大変な落ち方をした」という意味。

at allは否定の意味を強める語句。not ... at allで「少しも…ない」という意味。

❶ *Humpty Dumpty sat on a wall.*
❷ *Humpty Dumpty had a great fall.* （fall：落下）

"❸ Stop!" cried Humpty Dumpty. "❹ Don't sing that terrible song. ❺ I don't like it at all."

（Stop：やめる）

〈Don't＋動詞 ….〉で「…してはいけません」という意味の否定の命令文になる。

語句を確かめよう (p.217) 

重要 ☐ sat [サト] 動 sit (座る) の過去形
☐ cry, cried [クライ, クライド] 動 叫ぶ
重要 ☐ terrible [テリブル] 形 ひどい
☐ *not ... at all* 少しも…ない

確認しよう (p.217)

☐ stop [スタプ] 動 やめる

本文の意味をつかもう

(教科書p.144　本書p.214)
❶アリスとハンプティ・ダンプティ
❷アリスは川のそばに座っていました。❸突然，彼女は白いウサギを見ました。❹そのウサギは腕時計を見て，言いました。「遅れちゃった。遅れちゃった。」❺彼は地面の穴の中に走り込んでいき，姿を消しました。❻彼女は彼についていきました。
❼アリスは穴の中に落ちていきました。❽下へ，下へ，下へと，彼女は落ちました。
(教科書p.145　本書p.215)
❶「どこまで落ちていくの？」と彼女は思いました。❷それから彼女は底にたどりつきました。❸彼女は「不思議の国」にいたのです。
❹アリスは「不思議の国」をうろうろ歩き回っていました。❺彼女は高いへいの上に大きな卵を見つけました。
❻その卵が言いました。「僕はハンプティ・ダンプティだよ。❼きみの名前はなんだい，お嬢さん。」
❽「私の名前はアリスよ。」彼女は答えました。「❾アリス？　❿それはどういう意味だい？」⓫「名前に意味があるの？」彼女はたずねました。「⓬もちろん，あるさ。⓭僕の名前は，僕の形を意味しているんだよ。」
⓮「なるほど。」アリスは言いました。
(教科書p.146　本書p.216)
「❶ところで，私，あなたのベルトが好きなんだけど。❷とても素敵だわ。」
「❸僕のベルトだって？　❹ベルト！　❺ベルトじゃないよ。❻ネクタイだよ。❼僕の首の周りにあるだろう。」
❽「ま，まあ，とても素敵なネクタイ，でもあるわね。」
❾アリスは辺りを見回しました。「❿そのへいはとても高いわね。⓫気をつけて。」彼女は言いました。
⓬「この歌，知ってる？」彼女はたずねました。
(教科書p.147　本書p.217)
❶ハンプティ・ダンプティがへいに座った。
❷ハンプティ・ダンプティがドスンと落っこちた。
❸「やめろ！」ハンプティ・ダンプティが叫びました。「❹そんなひどい歌を歌うんじゃない。❺僕はそれが少しも好きじゃない。」

Read and Think

1. 物語のあらすじに合うように，あてはまることばを書こう。

解答例
(1) アリスは (地面の穴) の中を落ちていき，(不思議の国) に着いた。
(2) アリスは塀(へい)の上に座(すわ)っている (ハンプティ・ダンプティ) に出会った。
(3) 彼女(かのじょ)たちは (名前) の意味をめぐる会話をした。
(4) ハンプティ・ダンプティは，アリスに (ネクタイ) を (ベルト) にまちがえられて，怒(おこ)った。
(5) アリスが歌ったので，ハンプティ・ダンプティは (やめろ！) と叫んだ。

2. それぞれの絵の場面を表している英文に下線を引こう。

解答例
(本書p.214上) Suddenly she saw a white rabbit. (❸)
(本書p.214下) Down, down, down, she fell. (❽)
(本書p.215) She saw a big egg on a high wall. (❺)
(本書p.216上) "Anyway, I like your belt. It's very nice." (❶, ❷)
(本書p.216下) "My belt? My belt! It is not a belt. It is a tie. It's around my neck." (❸, ❹, ❺, ❻, ❼)
(本書p.217) "Stop!" cried Humpy Dumpty. (❸)

3. リズムがよかったところや，内容がおもしろかったところはどの部分ですか。話し合おう。

解答例
◆リズムがよかったところ
・Alice fell into the hole.　・Humpty Dumpty
・*Humpty Dumpty sat on a wall. Humpty Dumpty had a great fall.*

◆内容がおもしろかったところ
・ハンプティ・ダンプティの名前が，「ずんぐりむっくり」という卵のような体型に由来すること。
・ハンプティ・ダンプティのネクタイが，アリスにはベルトのように見えたこと。

Further Reading
Enjoy Sushi

● 声を出して読んでみよう ♪

●日本にはいろいろなすしがあります。
このブログでは，どんなすしが紹介されているでしょうか。

❶ **Enjoy Sushi**

❷ Japan is famous for its sushi. ❸ You can enjoy many types, for example, *nigirizushi, makizushi,* and *chirashizushi.* ❹ Here is an example of my favorite kind of sushi.

❺ *Kazarimakizushi* ▶ Recipe

❻ I like *kazarimakizushi.* ❼ It is a kind of *makizushi* from Chiba. ❽ Beautiful images of flowers and animals are in this sushi. ❾ The colors come from vegetables and other foods.

❿ Some kinds of sushi need special materials. ⓫ Don't worry. ⓬ You can easily make *kazarimakizushi* at home. ⓭ You and your family will enjoy this sushi art.

⓮ Recipe

1 ⓯ Make five rolls of *dembu* rice and one roll of *tamagoyaki.*

2 ⓰ Spread rice on a big sheet of *nori.*

be famous for ...「…で有名だ」

itの所有格。itはJapanを指す。

Here is ...「ここに…があります」

このkindは「種類」の意味。

*kazarimakizushi*を指す。

come from ...「…から生じる」。ここでは「…でできている」と考える。

否定の命令文。

*kazarimakizushi*を指す。

roll(s)「巻き物」。ここでは「巻きずし」のこと。

このplaceは動詞で，「…を置く」の意味。

3 ⑰ On the rice, place the rolls of *dembu* rice side by side.

side by side「（横に）並んで」

4 ⑱ Put the roll of *tamagoyaki* on top.

このrollは動詞で，「…を巻く」の意味。

5 ⑲ Carefully roll all six together.

6 ⑳ Cut it. ㉑ You will see flowers.

語句を確かめよう（p.219～220）♪

- type(s)［タイプ(ス)］名 種類
- image(s)［イミヂ(ズ)］名 絵
- material(s)［マティアリアル(ズ)］名 用具
- *Don't worry.* 心配しないでください。
- easily［イーズィリ］副 簡単に
- recipe［レスィピ］名 レシピ
- roll(s)［ロウル(ズ)］名 巻き物
- spread［スプレド］動 広げる
- a big sheet of ... 大きな一枚の…
- carefully［ケアフリ］副 慎重に

本文の意味をつかもう

❶すしを楽しもう
❷日本はすしで有名です。❸例えば，にぎりずし，巻きずし，ちらしずしなど，多くの種類のすしを楽しむことができます。❹以下は私の好きな種類のすしの例です。
❺飾り巻きずし
❻私は飾り巻きずしが好きです。❼千葉生まれの巻きずしの一種です。❽このすしには，花や動物の美しい絵があります。❾色は野菜や他の食品に由来するものです。❿すしの中には特別な材料を必要とする種類もあります。⓫心配しないでください。⓬飾り巻きずしを家で簡単に作ることができます。⓭あなたも，あなたの家族もこのすしの芸術を楽しむでしょう。
⓮レシピ 1 ⓯でんぶご飯の巻き物を５本，そしてスクランブルエッグの巻き物を１本作る。2 ⓰大きな一枚ののりの上にご飯を広げる。3 ⓱ご飯の上に，でんぶご飯の巻き物を隣り合わせに並べる。4 ⓲スクランブルエッグの巻き物を上に置く。5 ⓳慎重に６本すべてを一緒に巻く。
6 ⓴切る。㉑花の絵が見えるでしょう。

Audio Scripts スクリプトと訳

Listen ❶ 商品の説明 

p. 82

Sales person:

Back-to-school sale! You can get a bicycle for a very good price.

This is the X-Ride. It's new. We have many colors. You can get red, blue, green, orange, black, or pink. It's 155 dollars. With it, you get a T-shirt for free.

This is the HAPPY-5. It's a mountain bike. The colors are red or green. It's 210 dollars. With it, you get this cool helmet.

This is the O-Zebra, our basic model. The color is blue. You can buy it for only 98 dollars. You get this cute key chain with it.

Buy a bicycle now!

〔back-to-school sale 新学期直前セール　price 値段　with ... …と一緒に　bike 自転車　helmet ヘルメット　basic 基本の　model 型　*for only* ほんの〕

販売員：

新学期直前セールです！とてもよい価格で自転車を買うことができます。

これはX-Rideです。新品です。多くの色があります。赤，青，緑，オレンジ，黒，ピンクを入手できます。155ドルです。これを買った方には，無料でTシャツをさしあげます。

これはHAPPY-5です。マウンテンバイクです。色は赤と緑です。210ドルです。これを買った方には，かっこいいヘルメットをさしあげます。

これはO-ZEBRAで，基本モデルです。色は青。ほんの98ドルで購入できます。これを買った方には，このかわいいキーホルダーをさしあげます。

さあ，今，自転車を買いましょう。

Listen ❷ 競技会場のアナウンス 

p. 108

Staff:

Ladies and gentlemen, welcome to the tenth All-City Figure Skating Contest. Here is a reminder.

First, please be quiet during the performances. Second, do not leave your seat. Third, do not talk on your mobile phone.

You can use a camera and take pictures at any time, but do not use a flash. You cannot take a video.

You can eat and drink in your seat. Bathrooms are on the first floor. Watch your bags at all times.

Please enjoy the contest. You can buy souvenirs in the shop after the contest.

Thank you.

〔Ladies and gentleman (会場の)みなさん　figure skating フィギュアスケート　contest 競技　camera カメラ　flash フラッシュ　after ... …のあとに〕

スタッフ：

みなさん，第10回市内フィギュアスケート競技大会にようこそお越しくださいました。お知らせがございます。

第一に，演技中は静かにしてください，第二に，席から離れないでください。第三に，携帯電話で話をしないでください。

カメラを使って写真を撮ることはいつでも可能ですが，フラッシュは使わないでください。また，ビデオも撮らないでください。

席で飲食はできます。トイレは1階です。所持品には常にお気をつけください。

どうぞ大会をお楽しみください。大会が終了したあとに，売店でお土産を買うことができます。

ありがとうございます。

Listen ❸ 映画の紹介 

p. 130

No.1

Narrator:

"Magic Journey"

This is a story about twin wizards, Ben and Ken. They live in a magic world on a high mountain. The twins love clocks.

One day, the twins hear a story about a magic clock. People can travel in time with it. They go on a journey and look for the clock.

Where is the clock? Come to the theater and find out.

No.2

Narrator:

"Detective George"

This boy is George. He is a ten-year-old detective. He lives in a big city in the U.K. George has a special power. He can talk with dogs. This is his dog, Jean. George and Jean solve many problems together.

One day, they meet a woman at the post office. She has a big problem.

Can George and Jean help her? Find out in a theater near you.

〔story 物語　love …が大好きである　travel 旅行する　find out わかる〕

No.1
ナレーター：
「マジックジャーニー」
これは双子の魔法使い，ベンとケンの物語である。彼らは高い山の中にある魔法の世界に住んでいる。双子は時計が大好きだ。
ある日，双子はある魔法の時計の話を聞く。その時計を使って，時間旅行ができるという。双子は旅に出てその時計を探す。
時計はどこにあるのか。劇場に来て，その答えを見つけてください。

No.2
ナレーター：
「探偵ジョージ」
この男の子はジョージ。10歳の探偵である。彼はイギリスのある大きな市に住んでいる。ジョージには，特別な力がある。イヌと話すことができるのだ。こっちは彼のイヌのジーン。ジョージとジーンは，一緒に多くの問題を解決する。
ある日，彼らは郵便局である女性と出会う。彼女はある大きな問題を持っている。
ジョージとジーンは彼女を助けることができるのだろうか。近くの劇場で，その答えを見つけよう。

Listen❹ ボイスメッセージ  p. 152

Kevin:
Hi there! This is Kevin.
Here's the plan for Lisa's birthday party. Mary is getting the small present and the birthday card for her. Alex is buying the cake and some drinks for the party. You're in charge of food.
First, please get pizza for eight people. Then buy some ice cream and snacks at the supermarket. I already bought paper cups and paper plates, so you don't need to buy them.
By the way, Lisa has a dance lesson in the morning, so the party starts at one o'clock. Please come to my house at eleven-thirty, and bring all the food.
Thanks!
〔Alex アレックス《名前》　by the way ところで〕

ケビン：
やあ，ケビンだよ。
リサの誕生日パーティーの計画があるんだ。メアリーがささやかなプレゼントと誕生祝いのカードを買ってきて，アレックスはケーキと飲み物を買ってくる。夏海は食べ物担当だよ。
まず，8人分のピザを買ってきてほしい。それから，スーパーでアイスクリームとおやつを買ってきて。ぼくがすでに紙コップと紙皿を買ったから，夏海は買う必要ないよ。
ところで，リサは朝にダンスレッスンがあるから，パーティーは1時から始まるよ。11時30分に僕の家に来て，食べ物をすべて持ってね。
ありがとう！

Listen❺ インタビュー  p. 180

Emily (interviewer): Hi, I'm Emily from Crown Sports News. Today, we have Ben Simmons, the ice hockey player, with us.
Ben: Hi, Emily. I love your radio show.
Emily: Thank you. We have some questions from my listeners. Here is the first one. What is your best memory?
Ben: My twelfth birthday. My ice hockey team had a big game on that day. We won first prize for the first time.
Emily: Wow. That's a wonderful birthday. Here's the second question. Did you have a difficult time as an ice hockey player?
Ben: Yes, of course. I had a big problem with my leg three years ago. I couldn't play ice hockey for a really long time. I was very depressed.
Emily: Are you OK now?
Ben: Yes. I'm fine.
Emily: Great! Thank you for your time. Good luck.
〔Emily エミリー《名前》　Ben Simmons ベン・シモンズ《名前》〕

エミリー(インタビュアー)：こんにちは，クラウンスポーツニュースのエミリーです。今日はアイスホッケー選手のベン・シモンズ選手に来ていただきました。
ベン：やあ，エミリー。あなたのラジオ番組が大好きですよ。
エミリー：ありがとうございます。リスナーの方からいくつか質問をいただいています。これが最初の質問です。一番思い出に残っていることは何ですか。
ベン：12歳の誕生日です。その日，私のアイスホッケーチームは大きな試合があったんです。私たちは初めて優勝しました。
エミリー：わあ！すばらしい誕生日になりましたね。さて，2つめの質問です。アイスホッケー選手として困難だった時はありますか。
ベン：ええ，もちろん。3年前，脚の具合をとても悪くしてしまいました。実に長い間アイスホッケーができなかったんです。非常に落ち込んでいました。
エミリー：今はもう大丈夫ですか？
ベン：ええ，大丈夫です。

エミリー：それはよかった。お時間をいただきありがとうございました。ご活躍を期待しています。

Listen 6 天気予報 p. 202

Newscaster:

Good morning, everyone. It's almost the weekend, and we have a holiday on Monday. Let's look at the weather.

On Saturday, it'll be sunny during the day, but it'll be rainy in the evening. The high will be seven degrees, and the low will be four degrees.

This Sunday will be nice and sunny. It'll be cold, but it won't be too cold. The high will be ten degrees, and the low will be five degrees.

Now the bad news. On Monday, it'll rain all day. The high will be six degrees, and the low will be four degrees.

Have a good Friday and enjoy your long weekend.

〔holiday 祝日，休日〕

ニュースキャスター：

皆さんおはようございます。まもなく週末，そして月曜日は休日です。では，天気をみてみましょう。

土曜日は日中は晴れますが，夕方は雨になるでしょう。最高気温は７度，最低気温は４度になるでしょう。

この日曜日は気持ちのよい晴れとなるでしょう。寒い１日となりますが，それほど寒くはないでしょう。最高気温は10度，最低気温は５度となるでしょう。

では残念なお知らせです。月曜日は終日雨となるでしょう。最高気温は6度，最低気温は４度になるでしょう。

では，よい金曜日を，そして長い週末をお楽しみください。

BONUS STAGE スクリプトと訳

Listen 1 商品の説明  p. 82

Sales person:

Summer sale! You can get a watch for a very good price.

This is ZERO TIME X-570. It's the basic model. The colors are red, blue, or black. You can buy it for only 62 dollars. You get a pen for free.

This is Six-Pop-Q. It's popular with teenagers. We have six colors: light blue, orange, pink, green, white, and purple. It's 14 dollars. With it, you get a key chain.

This is GO-221. It's a sports watch. You can do many things with it. The colors are yellow or white. It's only 93 dollars. With it, you get a one-time pass to a local gym.

Buy a new watch now!

販売員：

夏のセールです！とてもよい価格で腕時計を買うことができます。

これはZERO TIME X-570です。基本モデルです。色は赤，青，黒があります。ほんの62ドルで購入可能です。無料でペンをさしあげます。

これはSix-Pop-Qです。十代の方に人気です。色は6種類です。明るい青，オレンジ，ピンク，緑，白，紫です。14ドルです。これを買った方には，キーホルダーを差し上げます。

これはGO-221です。スポーツウォッチです。それで多くのことができます。色は黄または白です。ほんの93ドルです。これを買った方には，地域のジムの１回利用券を差し上げます。

さあ，今，新しい腕時計を買いましょう。

Listen 2 競技会場のアナウンス  p. 108

Staff:

Ladies and gentlemen, welcome to Honey Mountain Stadium. Today, we have an ice hockey game, the Beavers vs the Sharks. Here is a reminder.

Please do not talk on your mobile phone during the game. You can leave your seat but keep your ticket with you. You cannot eat or drink in your seat.

It's very cold inside the stadium. You can rent a blanket at the door. Bathrooms are on the third floor. Watch your bags at all times.

Please respect others and enjoy the game.

Thank you.

スタッフ：
　みなさま，ハニー・マウンテン競技場にようこそお越しくださいました。今日はビーバーズ対シャークスのアイスホッケーの試合が開催されます。お知らせがございます。
　試合中は携帯電話で通話をしないでください。席を離れる際はチケットをお持ちください。席での飲食はできません。
　競技場の中はとても寒いです。扉のところで毛布を借りることができます。お手洗いは３階です。所持品には常にお気をつけください。
　周りの方の迷惑にならないよう試合を楽しんでください。ありがとうございます。

Listen③ 映画の紹介  p. 130

No.1
Narrator:
“Cat's Islands”
　This is a movie about a cat. His name is Ben. He lives on an island of cats. Ben loves to sing.
　One day, he hears about a great singer on another island. She has a beautiful voice. Ben wants to hear her voice. He goes on a journey across the ocean and looks for her.
　Who is the great singer? What do she and Ben do? Come to the theater and find out.

No.1
ナレーター
「ネコ島」
　これはネコについての映画である。彼の名前はベン。彼はネコ島に住んでいる。ベンは歌うことが大好きだ。
　ある日，彼は別の島のすごい歌い手のことを耳にした。彼女は美しい声を持っている。ベンは彼女の声が聞きたい。彼は海を横断する旅に出て彼女を探す。
　すごい歌い手とはだれか。彼女とベンは何をするのか。劇場に来て，その答えを見つけてください。

No.2
Narrator:
“The Full Moon Party”
　This is Becky. She lives in a small town in Hawaii. She is a junior high school student. Becky has a special power. She can talk with flowers and trees. This is her friend, Ms. Coconut. She is a coconut tree. She lives in the corner of the schoolyard.
　One day, Ms. Coconut says, “Do you know about the full moon party? We have it at school tonight.”
　What do the flowers and trees do at the full moon party? Find out in a theater near you.

No.2
ナレーター
「満月のパーティー」
　これはベッキーだ。彼女はハワイの小さな町に住んでいる。彼女は中学生だ。彼女には特別な力がある。彼女は花や木と話すことができるのだ。これは彼女の友人のココナッツさん。彼女はココナッツの木だ。彼女は校庭の角に住んでいる。
　ある日，ココナッツさんは「満月のパーティーを知っている？　今晩，学校で開かれるの。」
　花や木たちは満月のパーティーで何をするのか。お近くの劇場に来て，その答えを見つけてください。

Listen④ ボイスメッセージ p. 152

Alex:
　Hello, this is Alex. Here's the plan for the holiday party at Lisa's house on Sunday. Lisa's dad is roasting a chicken. Mary is bringing some soup and salad for the party. We're in charge of the cookies and drinks.
　First, let's bake lots of cookies at my house. Then buy some drinks at the supermarket. I already bought orange juice. We also need a big box for the cookies. Let's not forget it.
　The party starts at eleven-thirty on Sunday, so let's finish everything by Saturday night. What time are you free on Saturday? Call me later. Thanks!

アレックス：
　こんにちは，アレックスだよ。日曜日にリサの家でホリデイパーティの計画があるんだ。リサのお父さんがとり肉をローストしてくれる。メアリーがパーティーにスープとサラダを持ってくる。ぼくたちはクッキーと飲み物の担当だ。
　まず，ぼくの家でたくさんのクッキーを焼こう。それから，スーパーで飲み物を買ってきて。ぼくは既にオレンジジュースを買ったよ。クッキーのために大きな箱も必要だ。忘れないようにしよう。
　パーティーは日曜日の１１時３０分に始まるから，土曜日の夜までにすべてを終わらせよう。土曜日，きみは何時にひま？　後で電話して。ありがとう！

Listen❺ インタビュー  p. 180

David (interviewer): Hi, I'm David from Crown Sports News. Today, we have Mary Jones, the soccer player, with us.

Mary: Hi, David. I love your radio show.

David: Thank you. We have some questions from my listeners. Here's the first one. What's your best memory?

Mary: The International Women's Soccer Championship two years ago. All the games were exciting. The championship was here in Vancouver, so my grandparents and many of my friends came to the stadium. We lost, but it's still my best memory.

David: Wow. That's fantastic. Here's my second question. Did you have a difficult time as the captain of the team?

Mary: Yes, a little. Last year, our new coach changed the training, but some of the players didn't like it.

David: Is everything OK now?

Mary: Actually, things are very good. I had a long talk with the players. Now they understand our coach's plan.

David: Great! That's it for today. Thank you for your time.

デイヴィッド（インタビュアー）：こんにちは，クラウンスポーツニュースのデイヴィッドです。今日はサッカー選手のメアリー・ジョーンズ選手に来ていただきました。

メアリー：やあ，デイヴィッド。あなたのラジオ番組が大好きですよ。

デイヴィッド：ありがとうございます。リスナーの方からいくつか質問をいただいています。最初の質問です。一番思い出に残っていることは何ですか。

メアリー：２年前の国際女子サッカー選手権です。すべての試合がエキサイティングでした。選手権はここバンクーバーで行われたので，祖父母と多くの友人が競技場に来ました。私たちは負けてしまいましたが，それでも私の一番の思い出です。

デイヴィッド：わあ！　それはすてきですね。２つ目の質問です。チームのキャプテンとして困難だった時はありますか。

メアリー：ええ，少し。昨年，新しいコーチがトレーニングを変えたのですが，選手の何人かはそれを気に入りませんでした。

デイヴィッド：今はすべて大丈夫ですか。

メアリー　：実際，とても順調です。私は選手たちと長く会話をしました。今では彼らはコーチの計画を理解しています。

デイヴィッド：すばらしい！　今日はここまでです。お時間をいただきありがとうございました。

Listen❻ 天気予報  p. 202

Newscaster:

Good morning, everyone. It's almost the weekend, and we have a holiday on Monday. Let's look at the weather.

First, the bad news. On Friday, it'll rain all day. The high will be twelve degrees, and the low will be ten degrees.

On Saturday, it'll be rainy during the morning, but it'll be sunny in the afternoon and clear skies all night. The high will be fourteen degrees, and the low will be eleven degrees.

This Sunday will be nice and sunny. It'll be warm. The high will be twenty degrees, and the low will be fifteen degrees.

Have a great day and enjoy your long weekend.

ニュースキャスター：

皆さんおはようございます。まもなく週末，そして月曜日は休日です。では，天気を見てみましょう。

最初に，残念なお知らせです。金曜日は１日雨となるでしょう。最高気温は12度，最低気温は10度になるでしょう。

土曜日は，朝のあいだは雨ですが，午後は晴れて一晩中澄んだ空になるでしょう。最高気温は14度，最低気温は11度になるでしょう。

この日曜日は気持ちのよい晴れとなるでしょう。暖かいでしょう。最高気温は20度，最低気温は15度になるでしょう。

では，よい日を，そして長い週末をお楽しみください。

文法のまとめ Drill の解答

文法のまとめ❶ (p.42〜43)

Drill 1 1. am 2. are 3. am not

Drill 2 1. like 2. drink 3. don't study

文法のまとめ❷ (p.62〜63)

Drill 1 1. can 2. can cook 3. cannot[can't]

Drill 2 1. I can make cookies. 2. You can take pictures here.

文法のまとめ❸ (p.84〜85)

Drill 1 1. This is my bag. 2. He is not a soccer player.

Drill 2 1. Run 2. Don't climb 3. Let's bake

Drill 3 1. What's 2. What do 3. How many

文法のまとめ❹ (p.112〜113)

Drill 1 1. teaches 2. doesn't play 3. Does, practice

Drill 2 1. He lives in Tokyo. 2. Does Ken drink coffee? 3. My mother doesn't watch TV.

文法のまとめ❺ (p.134〜135)

Drill 1 1. is eating[having] 2. Is, running 3. aren't practicing

Drill 2 1. Mary is doing her homework now. 2. Is he writing a letter now?
3. I am[I'm] not swimming in the pool now.

文法のまとめ❻ (p.154〜155)

Drill 1 1. studied 2. Did, help 3. didn't eat[have]

Drill 2 1. We went to Okinawa last summer. 2. Did Ryota drink tea two days ago?
3. She didn't listen to music last night.

文法のまとめ❼ (p.184〜185)

Drill 1 1. I was a baseball player. 2. Was the concert great? 3. They were in Tokyo.

Drill 2 1. Mika was taking pictures then. 2. Was he sleeping at 1 a.m?
3. My sisters weren't playing volleyball at that time.

Drill 3 1. あなたは眠そうに見えます。 2. 彼は疲れているように見えます。

Drill 4 1. a 2. The 3. an

文法のまとめ❽ (p.206〜207)

Drill 1 1. will be 2. Will 3. won't work

Drill 2 明日は暑いでしょうか。 ―いいえ，暑くないでしょう。

Drill 3 1. I am going to study science tomorrow. 2. Is he going to visit London next year?
3. My mother isn't going to clean the room today.

Drill 4 1. Ⓑ 2. Ⓐ

定期テスト対策の解答

定期テスト対策 1 (Lesson1~3) (p.90~91)

1 (1) 歌　(2) 住む〔住んでいる〕　(3) 書く　(4) here　(5) mountain
(6) kitchen

2 (1) can　(2) like　(3) know him　(4) This　(5) Do, practice

3 (1) Can　(2) Are　(3) What　(4) Who

4 (1) My father can't speak English.
(2) Tom can sing songs well.
(3) That is my guitar.
(4) Can you drink coffee?

5 (1) こちらは大島さんです。
(2) エ
(3) (You) can enjoy her (English *rakugo* show this weekend(.)

6 (1) 例 · I am[I'm] from Tokyo. (私は東京出身です。)
· I come from Osaka. (私は大阪出身です。)
(2) 例 · I can draw pictures well. (私は上手に絵をかくことができます。)
· I can cook well. (私は上手に料理をすることができます。)

〈解説〉

2 (1) 「…することができる」は動詞の前にcanを置く。
(4) 「こちらは…です」と人やものを紹介するときはThis is .... を使う。
3 (1) 応答文がNo, she can't.なので, canを使った疑問文だとわかる。
(2) 応答文がYes, I am.なので, Are you …?とたずねる疑問文だとわかる。
(3) 応答文でIt is a school.と具体的にものを答えているので, Whatで始める疑問文だとわかる。
(4) 応答文でHe is Daiki.と具体的に「人」を答えているので, Whoで始める疑問文だとわかる。
4 (1) can'tはcannotの短縮形。動詞の前に置いて, 「…できない」という意味を表す。
(3) 遠くにあるものを指していうときは, thatを使う。
(4) 「…できますか」とたずねるときは, Can you …?を使う。
5 (1) 人を紹介しているので, 「これは…です。」ではなく「こちらは…です。」とする。
(2) 「彼女を」と言うときは, sheではなくherを使う。
6 (1) 自分の出身地をfromを使って紹介する。
(2) 自分が上手にできることをcanやwell(上手に)を使って紹介する。

定期テスト対策 2（Lesson4~6） (p.162〜163)

1 (1) 教える (2) 授業 (3) 観光〔見物〕 (4) yesterday (5) sleep (6) family

2 (1) are cooking[making] (2) went (3) Does, watch (4) isn't swimming

3 (1) teaches (2) ate (3) am not listening (4) Did, see (5) What, doing

4 (1) My sister ate pizza last night (.)
(2) I'm cleaning my room now (.)
(3) Kazuya often plays baseball (.)
(4) Does she study English (every day?)
(5) What a big tree (!)

5 (1) these students
(2) eating
(3) 家〔自宅〕，昼食
(4) イ

6 (1) 例 · I went to the park yesterday.（私はきのう，公園に行きました。）
· I saw a panda in the zoo yesterday.（私はきのう，動物園でパンダを見ました。）
(2) 例 · My brother is studying math now.（私の弟は今，数学を勉強しています。）
· My mother is baking cookies now.（私の母は今，クッキーを焼いています。）

〈解説〉

2 (1) 「(今)…しています」は〈be動詞＋動詞の-ing形〉で表す。
(2) go「行く」は不規則動詞で，過去形はwentで表す。
(3) 主語が３人称単数の疑問文は，〈Does＋主語＋動詞の原形…?〉で表す。

3 (1) 主語がmy fatherと３人称単数なので，teachにesをつけてteachesとする。
(2) eat「食べる」は不規則動詞で，過去形はate。
(3) 現在進行形の否定文にする。否定文は，be動詞の後ろにnotを置く。
(4) 過去の疑問文にする。〈Did＋主語＋動詞の原形 …?〉で表す。
(5) 「彼は今，何をしているところですか。」とたずねる疑問文にする。

4 (1) 「昨夜」はlast nightで表す。
(3) often「しばしば」は，一般動詞play(s)の前に置く。
(5) 「なんと…でしょう！」というときは，〈What ...!〉を使った感嘆文にする。

5 (1) theyは前に出た複数の人やものを指す。
(2) whatではじまる現在進行形の疑問文なので，動詞は-ing形にする。
(3) 本文３文目と４文目に注目する。
(4) 本文最後の文に注目する。

6 (1) 自分がきのうしたことを動詞の過去形を使って紹介する。
(2) 自分の家族が今していることを現在進行形の文を使って紹介する。

定期テスト対策 3（Lesson7~8） (p.212~213)

1 (1) 難しい〔困難な〕 (2) 負ける (3) 試験 (4) sound (5) baby (6) always

2 (1) will be (2) were taking (3) am going (4) wasn't reading

3 (1) was (2) was running (3) is going, get (4) Were (5) What, doing

4 (1) These movies were exciting(.)
(2) Will it be cloudy tomorrow(?)
(3) My mother is going to clean (next week.)
(4) Were you playing baseball (at one?)
(5) I'm not going to cook (tomorrow.)

5 (1) What's
(2) was
(3) was playing
(4) great

6 (1) 例 · I was studying English at nine last night.（私は昨夜9時に英語を勉強していました。）
· I was writing a letter at nine last night.（私は昨夜9時に手紙を書いていました。）
(2) 例 · I'm going to play tennis tomorrow.（私は明日，テニスをするつもりです。）
· I am going to watch TV tomorrow.（私は明日，テレビを見るつもりです。）

〈解説〉

2 (1) 「…でしょう」と未来のことを述べるときは，〈主語＋will＋動詞の原形….〉で表す。be動詞の原形はbeで表す。
(2) 過去進行形の文。主語が複数なので，be動詞はwereになる。
(3) 「…するつもりです」は，〈主語＋be動詞＋going to＋動詞の原形….〉で表す。

3 (1) amの過去形はwasで表す。
(2) 〈was[were]＋動詞の-ing形〉を使った過去進行形の文にする。
(3) be going to... の後ろの動詞は原形にする。
(5) 「ルーシーはそのとき，何をしていましたか。」とたずねる疑問文にする。

4 (2) 天気を表す文の主語はit。Will it be …の語順に注意する。
(4) 過去進行形の疑問文にする。
(5) be going to... の否定文。be動詞の後ろにnotを置く。

5 (1) 「どうしたの？」はWhat's up?で表す。
(2) 「私は…にいました。」は，be動詞の過去形wasを使う。
(3) 過去進行形の文にする。
(4) ジンのHow was it?という質問に対して，マークはIt was great.と答えている。このitはwheelchair basketballを指す。

6 (1) 昨夜9時の時点で自分がしていたことを，過去進行形の文を使って紹介する。
(2) 「…するつもりです」と予定や計画を言うときは，willではなく，be going to...を使う。

Role-Play Sheet ロールプレイシート

Take Action! Talk 3 (p.131)

あなたは，洋服店で働く店員です。
Bは買い物に来た客です。
Bに話しかけ，Tシャツをおすすめしましょう。

提案する
How about ... ? (…はどうですか。)
I suggest .... (…をおすすめします。)

Idea Box

May I help you? (いらっしゃいませ。)
Are you looking for a T-shirt? (Tシャツをお探しですか。)

Take Action! Talk 4 (p.153)

あなたは，道に迷ってしまった海外からの旅行者です。
Bは，わかば市の市民です。A～Cから1つ選び，
Bに話しかけ，そこまでの道順を教えてもらいましょう。

Ⓐ Midori Art Museum (みどり美術館)

Ⓑ Wakaba Zoo (わかば動物園)

Ⓒ Crown Land (クラウンランド)

道順をたずねる
How can I get to ... ? (…へはどのように行ったらよいですか。)
Where's ... ? (…はどこですか。)

Idea Box

Excuse me.
(すみません。)
One more time, please.
(もう一度お願いします。)

Take Action! Talk 6 (p.203)

あなたは，わかば中学校の生徒です。Bは，新しく学校に来たALTの先生です。
先生はまだ生徒の顔と名前を覚えていないので，自分が探している生徒を見つけられず困っています。
先生に話しかけ，人探しを手伝いましょう。

描写(びょう)する
She's .... (彼女は…です。)
She's wearing .... (彼女は…を着ています。)
She has .... (彼女は…を持っています。)

Idea Box

What's the matter? (どうしましたか。)
jump rope (縄とびをする)
ride a unicycle (一輪車にのる)

B あなたは，Tシャツを買いに洋服店を訪れた客です。
Aは，店員です。Aに話しかけられたら，やり取りをして，好みのTシャツを買いましょう。

好みを伝える
I don't like .... (私は…が好きではありません。)
It's too .... (それは…すぎます。)

Idea Box
loud（派手な）　simple（飾り気のない）
I want ....（…がほしいです。）
Do you have a white one?（(この商品の）白色はありますか。）

B あなたは，わかば市の市民です。
Aは，海外からの旅行者です。
Aに話しかけられたら，適切に応答しましょう。

道順を説明する
go straight (まっすぐ行く)
It's on your right [left]. (右側〔左側〕にあります。)
turn left [right] at ... (…を左〔右〕に曲がる)

Idea Box
walk for a while（しばらく歩く）
first（一番目の）　second（二番目の）

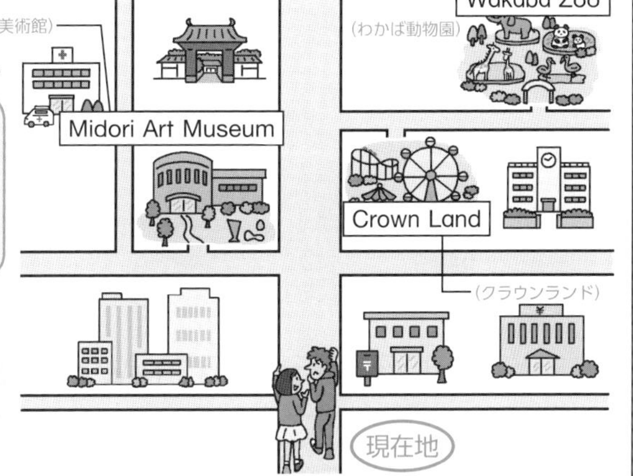

B あなたは，新しくわかば中学校に来たALTの先生です。Aは生徒です。まだ生徒の顔と名前がわからず困っていたところ，Aに話しかけられました。A～Dから1人選び，その生徒が何をしているか，Aに教えてもらいましょう。聞き取れなかったときや，大切な情報は聞き直したり，確認したりしましょう。

Ⓐ Emi（エミ） / Ⓑ Sayuri（サユリ） / Ⓒ Mari（マリ） / Ⓓ Asako（アサコ）

聞き直す
What did you say? (何と言いましたか。)
Can you say that again? (それをもう1度言ってくれませんか。)
Pardon me? (もう1度お願いします。)
I didn't hear you. (聞こえませんでした。)

Idea Box
I'm looking for ....（…を探しています。）
I found her.（彼女を見つけました。）

【編集協力】株式会社カルチャー・プロ

出典
"Our New Friend"
p.74『花』：書家　國重友美／
flower ＋花＝英漢字®.

15	三省堂	英語 703	NEW CROWN English Series 1

三省堂 ニュークラウン 完全準拠　**教科書ガイド**

1

編　者　三省堂編修所

発行者　株式会社　三省堂
代表者　瀧本多加志
印刷者　三省堂印刷株式会社
発行所　株式会社　三省堂
〒102-8371 東京都千代田区麴町五丁目7番地2
電話　(03) 3230-9411
https://www.sanseido.co.jp/

〈03 中英ガイド 1〉③

落丁本，乱丁本はお取り替えいたします。
ISBN978-4-385-58960-2